U0466316

绿色发展通识丛书
GENERAL BOOKS OF GREEN DEVELOPMENT

巴黎气候大会 30 问

[法]帕斯卡尔·坎芬　[法]彼得·史泰姆／著
王瑶琴／译

中国文联出版社
http://www.clapnet.cn

图书在版编目（CIP）数据

巴黎气候大会30问 / [法] 帕斯卡尔·坎芬, [法] 彼得·史泰姆著；王瑶琴译. -- 北京：中国文联出版社, 2019.12
（绿色发展通识丛书）
ISBN 978-7-5190-3626-3

Ⅰ.①巴… Ⅱ.①帕… ②彼… ③王… Ⅲ.①气候变化-国际公约-问题解答 Ⅳ.①D996.9-44

中国版本图书馆CIP数据核字(2019)第242500号

著作权合同登记号：图字01-2018-0584
Originally published in France as :
Climat: 30 questions pour comprendre la conférence de Paris by Pascal Canfin & Peter Staime
© Les petits matins, 2015
Current Chinese language translation rights arranged through Divas International, Paris / 巴黎迪法国际版权代理

巴黎气候大会30问
BALI QIHOU DAHUI 30 WEN

作　　者：[法] 帕斯卡尔·坎芬　[法] 彼得·史泰姆	
译　　者：王瑶琴	
	终审人：朱　庆
责任编辑：冯　巍	复审人：闫　翔
责任译校：黄黎娜	责任校对：汪　璐
封面设计：谭　锴	责任印制：陈　晨

出版发行：中国文联出版社
地　　址：北京市朝阳区农展馆南里10号，100125
电　　话：010-85923076（咨询）85923092（编务）85923020（邮购）
传　　真：010-85923000（总编室），010-85923020（发行部）
网　　址：http://www.clapnet.cn　　http://www.claplus.cn
E-mail：clap@clapnet.cn　　fengwei@clapnet.cn

印　　刷：中煤（北京）印务有限公司
装　　订：中煤（北京）印务有限公司
法律顾问：北京市德鸿律师事务所王振勇律师
本书如有破损、缺页、装订错误，请与本社联系调换

开　本：720×1010	1/16
字　数：102千字	印　张：11.75
版　次：2019年12月第1版	印　次：2019年12月第1次印刷
书　号：ISBN 978-7-5190-3626-3	
定　价：48.00元	

版权所有　翻印必究

"绿色发展通识丛书"总序一

洛朗·法比尤斯

1862年，维克多·雨果写道："如果自然是天意，那么社会则是人为。"这不仅仅是一句简单的箴言，更是一声有力的号召，警醒所有政治家和公民，面对地球家园和子孙后代，他们能享有的权利，以及必须履行的义务。自然提供物质财富，社会则提供社会、道德和经济财富。前者应由后者来捍卫。

我有幸担任巴黎气候大会（COP21）的主席。大会于2015年12月落幕，并达成了一项协定，而中国的批准使这项协议变得更加有力。我们应为此祝贺，并心怀希望，因为地球的未来很大程度上受到中国的影响。对环境的关心跨越了各个学科，关乎生活的各个领域，并超越了差异。这是一种价值观，更是一种意识，需要将之唤醒、进行培养并加以维系。

四十年来（或者说第一次石油危机以来），法国出现、形成并发展了自己的环境思想。今天，公民的生态意识越来越强。众多环境组织和优秀作品推动了改变的进程，并促使创新的公共政策得到落实。法国愿成为环保之路的先行者。

2016年"中法环境月"之际，法国驻华大使馆采取了一系列措施，推动环境类书籍的出版。使馆为年轻译者组织环境主题翻译培训之后，又制作了一本书目手册，收录了法国思想界最具代表性的 40 本书籍，以供译成中文。

中国立即做出了响应。得益于中国文联出版社的积极参与，"绿色发展通识丛书"将在中国出版。丛书汇集了 40 本非虚构类作品，代表了法国对生态和环境的分析和思考。

让我们翻译、阅读并倾听这些记者、科学家、学者、政治家、哲学家和相关专家：因为他们有话要说。正因如此，我要感谢中国文联出版社，使他们的声音得以在中国传播。

中法两国受到同样信念的鼓舞，将为我们的未来尽一切努力。我衷心呼吁，继续深化这一合作，保卫我们共同的家园。

如果你心怀他人，那么这一信念将不可撼动。地球是一份馈赠和宝藏，她从不理应属于我们，她需要我们去珍惜、去与远友近邻分享、去向子孙后代传承。

2017 年 7 月 5 日

（作者为法国著名政治家，现任法国宪法委员会主席、原巴黎气候变化大会主席，曾任法国政府总理、法国国民议会议长、法国社会党第一书记、法国经济财政和工业部部长、法国外交部部长）

"绿色发展通识丛书"总序二

万钢

习近平总书记在中共十九大上明确提出，建设生态文明是中华民族永续发展的千年大计。必须树立和践行绿水青山就是金山银山的理念坚持节约资源和保护环境的基本国策，像对待生命一样对待生态环境。我们要建设的现代化是人与自然和谐共生的现代化，既要创造更多物质财富和精神财富以满足人民日益增长的美好生活需要，也要提供更多优质生态产品以满足人民日益增长的优美生态环境需要。近年来，我国生态文明建设成效显著，绿色发展理念在神州大地不断深入人心，建设美丽中国已经成为13亿中国人的热切期盼和共同行动。

创新是引领发展的第一动力，科技创新为生态文明和美丽中国建设提供了重要支撑。多年来，经过科技界和广大科技工作者的不懈努力，我国资源环境领域的科技创新取得了长足进步，以科技手段为解决国家发展面临的瓶颈制约和人民群众关切的实际问题作出了重要贡献。太阳能光伏、风电、新能源汽车等产业的技术和规模位居世界前列，大气、水、土壤污染的治理能力和水平也有了明显提高。生态环保领域科学普及的深度和广度不断拓展，有力推动了全社会加快形成绿色、可持续的生产方式和消费模式。

推动绿色发展是构建人类命运共同体的重要内容。近年来，中国积极引导应对气候变化国际合作，得到了国际社会的广泛认同，成为全球生态文明建设的重要参与者、贡献者和引领者。这套"绿色发展通识丛书"的出版，得益于中法两国相关部门的大力支持和推动。第一辑出版的40种图书，包括法国科学家、政治家、哲学家关于生态环境的思考。后续还将陆续出版由中国的专家学者编写的生态环保、可持续发展等方面图书。特别要出版一批面向中国青少年的绘本类生态环保图书，把绿色发展的理念深深植根于广大青少年的教育之中，让"人与自然和谐共生"成为中华民族思想文化传承的重要内容。

科学技术的发展深刻地改变了人类对自然的认识，即使在科技创新迅猛发展的今天，我们仍然要思考和回答历史上先贤们曾经提出的人与自然关系问题。正在孕育兴起的新一轮科技革命和产业变革将为认识人类自身和探求自然奥秘提供新的手段和工具，如何更好地让人与自然和谐共生，我们将依靠科学技术的力量去寻找更多新的答案。

2017年10月25日

（作者为十二届全国政协副主席，致公党中央主席，科学技术部部长，中国科学技术协会主席）

"绿色发展通识丛书"总序三

铁凝

这套由中国文联出版社策划的"绿色发展通识丛书",从法国数十家出版机构引进版权并翻译成中文出版,内容包括记者、科学家、学者、政治家、哲学家和各领域的专家关于生态环境的独到思考。丛书内涵丰富亦有规模,是文联出版人践行社会责任,倡导绿色发展,推介国际环境治理先进经验,提升国人环保意识的一次有益实践。首批出版的40种图书得到了法国驻华大使馆、中国文学艺术基金会和社会各界的支持。诸位译者在共同理念的感召下辛勤工作,使中译本得以顺利面世。

中华民族"天人合一"的传统理念、人与自然和谐相处的当代追求,是我们尊重自然、顺应自然、保护自然的思想基础。在今天,"绿色发展"已经成为中国国家战略的"五大发展理念"之一。中国国家主席习近平关于"绿水青山就是金山银山"等一系列论述,关于人与自然构成"生命共同体"的思想,深刻阐释了建设生态文明是关系人民福祉、关系民族未来、造福子孙后代的大计。"绿色发展通识丛书"既表达了作者们对生态环境的分析和思考,也呼应了"绿水青山就是金山银山"的绿色发展理念。我相信,这一系列图书的出版对呼唤全民生态文明意识,推动绿色发展方式和生活方式具有十分积极的意义。

20世纪美国自然文学作家亨利·贝斯顿曾说:"支撑人类生活的那些诸如尊严、美丽及诗意的古老价值就是出自大自然的灵感。它们产生于自然世界的神秘与美丽。"长期以来,为了让天更蓝、山更绿、水更清、环境更优美,为了自然和人类这互为依存的生命共同体更加健康、更加富有尊严,中国一大批文艺家发挥社会公众人物的影响力、感召力,积极投身生态文明公益事业,以自身行动引领公众善待大自然和珍爱环境的生活方式。藉此"绿色发展通识丛书"出版之际,期待我们的作家、艺术家进一步积极投身多种形式的生态文明公益活动,自觉推动全社会形成绿色发展方式和生活方式,推动"绿色发展"理念成为"地球村"的共同实践,为保护我们共同的家园做出贡献。

中华文化源远流长,世界文明同理连枝,文明因交流而多彩,文明因互鉴而丰富。在"绿色发展通识丛书"出版之际,更希望文联出版人进一步参与中法文化交流和国际文化交流与传播,扩展出版人的视野,围绕破解包括气候变化在内的人类共同难题,把中华文化中具有当代价值和世界意义的思想资源发掘出来,传播出去,为构建人类文明共同体、推进人类文明的发展进步做出应有的贡献。

珍重地球家园,机智而有效地扼制环境危机的脚步,是人类社会的共同事业。如果地球家园真正的美来自一种持续感,一种深层的生态感,一个自然有序的世界,一种整体共生的优雅,就让我们以此共勉。

2017年8月24日

(作者为中国文学艺术界联合会主席、中国作家协会主席)

目录

序言

1 挑战

科学教会我们什么？（002）

谁是温室气体的排放者？（005）

气候变化带来哪些影响？（009）

我们还能控制气候变化吗？（012）

如何评估《京都议定书》？（016）

明天会有数以百万的气候难民吗？（020）

2 外交

法国真的是模范国家吗？（024）

德国是气候保护引领者还是高碳排国家？（028）

欧洲是否仍处于世界前沿？（032）

奥巴马能真正承诺什么？（035）

日本在福岛核危机后能做些什么？（039）

为何中国开始行动起来？（042）

新兴国家将会毁了地球吗？（046）

最贫穷和最弱势的国家要求什么？（049）

谁不希望巴黎大会获得成功？（052）

3
协定

《哥本哈根协定》是否真的意味着失败？（056）

《巴黎协定》与《哥本哈根协定》有何区别？（059）

巴黎大会将获得怎样的"成功"？（063）

《巴黎协定》是否具有"强制性约束力"？（067）

如何制定公平公正的协定？（070）

富裕国家是否会向最贫困国家如期兑现诺言？（073）

地方政府担负什么责任？（077）

公民将扮演什么角色？（080）

4

经济

2070年的碳中和经济意味着什么？（086）

企业，是气候的敌人还是变化的驱动力？（089）

技术能否拯救气候？（093）

应对气候变化，代价太过昂贵吗？（097）

金融能为气候服务吗？（100）

达成一个全球统一的碳价？（104）

5
结论

2050年，我们将如何生活？（110）

6
附录

促成巴黎气候大会成功的12项建议（118）

10个信号表明转变正在进行中（131）

"2015年为气候作出行动承诺"实用指南（139）

序言

巴黎的新战役

一谈起气候变化，人们首先想到的并不是叙利亚总统巴沙尔·阿萨德（Bachar Al-Assad），也不是尼日利亚的极端组织"博科圣地"（Boko Haram）。不过，本书却想以此开篇，因为引发叙利亚内战的紧张局势和尼日利亚北部动荡的部分原因就在于气候变化带来的影响。

正如2015年3月初发布在《美国国家科学院院刊》（*Proceedings of the National Academy of Sciences*）的一项研究表明，2006年至2011年期间席卷叙利亚的历史性干旱迫使当地人迁徙，数十万民众陷入苦难境地，从而使已然紧张的城市和地区人口进一步膨胀。这份科学研究也佐证了联合国粮农组织驻当地代表阿卜杜拉·本·叶海亚（Abdullah bin Yehia）的分析，2014年维基解密揭示他曾向美国大使透露隐情，当地干旱引发日益严重的粮食安全危机，自己因没有收到应对危机所需的资金而感到绝望。他在2008年就提醒美国大使注意，"毁灭性灾难可能将随着农村地区农产量的锐减而产生，并必然会引发政治局势的动荡"。

继叙利亚之后，我们再来谈谈尼日利亚。气候干旱和乍得湖几近消失严重打击了该地区的经济。乍得湖位于乍得、尼日尔、喀麦隆和尼日利亚四国交界处，在短短四十年间面积萎缩了80%。农产量锐减、水资源匮乏迫使村民向南迁徙，扰乱了从事耕种的农夫与牧民之间的关系。自然资源的紧张致使双方相互竞争，产生了前所未有的矛盾冲突。此外，尼日利亚贫瘠的北部地区没有像南部那样丰富的石油资源，引发了当地民众的怨声载道。因此，我们需要评估在这些冲突中与环境相关的原因的重要性。

这绝不是我们认为气候变化是这些灾难的唯一缘由。显然，还有政治、人口、地缘政治、宗教等原因，但环境因素往往被人所忽视或远远低估。按照美国国防部的官方说法，如今气候变化已然成为"威胁倍增器"。

因此，应对气候变化是人类文明的挑战。在《大崩坏》(*Effondrement*)[①]一书中，美国生物学家贾雷德·戴蒙德（Jared Diamond）展示了人类文明的衰落与毁灭究其根源往往在于环境因素。由于技术突破，一种文明出现，

[①] 贾雷德·戴蒙德的《大崩坏》一书，讲述了人类如何决定了他们自己是生存还是消亡，由法国伽利玛出版社（Gallimard）于2006年出版法文版。

实现了此前无人知晓怎么做的事。但是，这种技术导致过度开发人类赖以生存的资源（如森林、水、耕地）。当决策者意识到促使他们成功的因素却在致使他们遭受损失时，却为时已晚。

如今，我们不正是按照这种秩序在生活吗？不只是某个地区的文明，而是整个地球范围内。中世纪之后，文艺复兴让我们从事先确立的秩序中解放出来。正如笛卡尔在《方法论》(Discours de la méthode)里提到的，"人应成为自然界的主人和统治者"。如果说科技是这种演化的动力之一，如今它已经在提醒我们注意自己的过度行为，并呼吁我们回归理性：无论如何，我们确实掌控着地球的生态系统，我们进入了人类世时代，即人类可以改变地球的大平衡的时代。如今科学告诉我们的再清楚不过了：不是我们尽力控制气候变化，就是我们将面临重大灾难。正是因为如此，联合国政府间气候变化专门委员会（Giec）和美国前副总统戈尔（Al Gore）还荣获了2007年度诺贝尔和平奖。

巴黎大会的前前后后

如果说，我们未来命运的一部分将取决于2015年12月召开的第21届巴黎联合国气候大会（以下简称"巴黎气候大会",COP21),这样的想法并不为过。这并不是因为巴黎气候大会应该解决所有的问题,那种"能拯救全球的具有约束力的国际协议"并不存在!但是,如果说可能出现"前巴黎大会时代"和"后巴黎大会时代",那么就意味着此次大会的圆满成功。如果此次重大会议后不久,就有足够多的决策出台、足够多的行动信号启动,就能使得从2016年1月起人们不再只是例行公事。这的确是本书要讲述的主题之一,即详细描述这些具体决策和信号可能是什么,并诠释围绕此次气候大会的各种经济、地缘政治和融资挑战。其中一些信号已然出现。

截至2015年9月30日这个周三的凌晨,超过140个国家提交了各自的国家自主贡献方案,用气候谈判术语来说,这就是各国对减少温室气体排放和抗击气候变化的承诺。在世界主要国家中,只有沙特阿拉伯等海湾地区国家没有响应号召。科学家们立即进行了测算:由于全球四分之三的国家作出了各自的承诺,通过这些集体努力,会使我们到21世纪末全球气温仅上升约2.7℃。[①]

与2009年哥本哈根气候大会结束后预计全球气温到

[①] 参见非政府组织"气候行动追踪"(Climat Action Tracker)网站,http://climateactiontracker.org。

21世纪末要升高4℃相比,这无疑是一大进步,但仍远远不够。

为了实现能够应对气候挑战的结果,各国政府和首脑不能只是指望气候谈判专家们,后者往往并没有能达成协议的决策权。他们因此不得不进入"和平谈判"模式,即经常开会,建立信任感,达成默契和融洽,能因共同利益而行动起来,从而影响他们这一代人。

弗朗索瓦·奥朗德(Francois Hollande)于2012年9月提议法国申办此次气候大会,并与洛朗·法比尤斯(Laurent Fabius)一道将自己摆在此次大会的核心位置,后者将主持巴黎气候大会。因为在2011年,各国同意给自己四年时间构建第一个全球性气候协议。而这个四年之后,就是2015年!这就是为何巴黎气候大会尤为重要,它将很大程度上决定未来几年的全球气候政策。

在此次谈判中,法国不可能无所不能。她不一定能让美国批准一项具有约束力的国际条约,也不一定能让中国马上退出碳时代。但是,她能做很多事情。比如,鉴于各国的自主贡献方案不够有雄心,法国来负责组织各国首脑之间的对话,进一步提高缔约国协议的要求。也是法国,能跟德国、英国一道高声呼吁:如果说从政治层面不可能让欧盟28个成员国重新就2014年10月的欧盟决议展开讨论的话，法国则准备走得更远——当然，如果美国和中国也有同样的意愿。

法国作为主办国，能够努力寻找到一条道路来落实2009年向发展中国家作出的承诺，即在2020年之前向它们提供1000亿美元应对气候变化的支持资金。法国应当努力创造开展国家和政府首脑间最高层对话的长期条件，以便找到全民动员和达成妥协的道路，从而促使协议达成。法国也能像德国那样示范证明，未来的经济繁荣可以通过能源转型来实现。人们不必在舒适生活和气候问题之间做出艰难抉择，不过有效应对气候变化的确是我们在21世纪创造财富的条件之一。

法国拥有只有美国能与之媲美的独一无二的外交网络，能使其在全球，乃至各大国际组织（安理会、G7、G20、经合组织、欧盟、国际货币基金组织、世界银行等）中发挥身为巴黎气候大会主办方的作用。

读懂巴黎气候大会的关键点

近几年，我们从内部经历了这段历史。我们希望向更多的民众展示读懂巴黎气候大会的关键点——她如何运作？我们可以期待什么？她会取得圆满成功还是以失败告终？如果说解决之道是通过各国领导作出的行动承诺，那么也需要动员那些并非每天都想到气候变化，但知道气候变化大会对自己后代和21世纪都有决定性作用的人们。

　　实际上，此次大会是一场全新的"巴黎战役"。一场两个世界对立的战役：一边的世界每年给予化石能源6000亿到1万亿美元的公共补贴，美国气候变化怀疑论游说组织每年支持亿万美元；另一边的世界却发现在印度可再生能源如今比石化燃料更便宜，农业生态学可以在环保的同时解决全球的温饱问题，唯一确保未来和平与繁荣的办法就是应对气候变化问题。这场战役胜负未分，当前仍在进行中。

1

挑战

科学教会我们什么？

自1988年以来，科学界围绕联合国政府间气候变化专门委员会组织起来，定期发布关于气候变暖的综合报告。这些科学研究的结论是毋庸置疑的：自1880年有气温记录以来，全球气温平均上升了0.85℃，21世纪前15年就有14年的气温水平屡创新高。但这些数据掩盖了全球不同地区之间的巨大差异。在法国，过去一个世纪观测到的气温升高了近1℃；而在极地地区，气温已经上升了2℃~4℃。

直到气温再升高4.8℃

为参加2015年巴黎气候大会作准备，政界领导人拿到了最新的科研数据：联合国政府间气候变化专门委员会在2014年公布了第五次报告，其中明确指出如果我们不扭转气温的上升趋势将面临的各种风险。根据不同的温室气体排放场景，从现在起到21世纪末，预计全球气温将会再升高0.3℃~4.8℃。一旦平均气温上升超过2℃，将对我们的环境和人类活动带来灾难性的影响：农作物产量大幅下降、气候灾难（飓风、暴风雨等）愈发频繁强烈、大量植物和动物灭绝、海平面上升……所有的科研数据都表明我们不能超过气温上升2℃的警戒线。一些国家进一步要求气温上升不超过1.5℃。对于小岛国家而言，这是关乎生存安全的问题，因为一旦气温升高2℃，图瓦卢（Tuvalu）、基里巴斯（Kiribati）等一些太平洋上的岛屿将会直接消失。

气候变化怀疑论的终结？

2007年联合国政府间气候变化专门委员会发布第四次报告时，围绕气候变化展开的论战激起了轩然大波，包括科学界内部。一些科学家声称全球变暖与自然现象有关，如太阳活动或气候的周期性变化。他们不仅拒绝接受证据，有时甚至还接受化石能源游说组织的资助。但如今，气候变化的人为原因是确定无疑的。联合国政府间气候变化专门委员会在2014年的报告中明确指出，气候变暖是"毋庸置疑"的，"极有可能"跟人为原因（即人类活动）造成的温室气体排放有关。在科学家的语言里，"极有可能"就意味着95%~100%的肯定。换言之，就如同咨询的100名医生中有95人诊断某人患有癌症。当然，也有可能是患有其他疾病，也可以选择相信剩下的5名医生，但要冒着接受错误治疗的巨大风险！科学家的肯定结论几乎让气候变化怀疑论者从许多国家的辩论中销声匿迹了，但美国却不是这样，比如福克斯新闻（Fox News）等电视台继续着否认全球气温变暖的论调。

任何人都不能无视科学

科学家们持有一致的观点，是因为气候科学在20世纪下半叶取得了突飞猛进的发展。温室气体的产生机制18世纪末就已为人所知，但直到20世纪70年代才首次使用气候模型了解到人类活动对气候的影响。直到那时，我们才开始测量大气中的温室气体浓度。人们也才意识到，自从工业革命以来，我们排放的温室气体已超出了地球生态系统自身的循环利用能力。我们向大气排放的温室气体超过了海洋和植物光合作用吸收的数量。这种失衡致使大气中的温室气体增多，它们吸收热量，引发气候变暖。

过去几十年间气候科学的进步，应很大程度归功于联合国政府间气候变化专门委员会的成立这一重大革新。事实上，气候谈判是全球唯一建立在决策者所知的科学共识上的谈判。当然，这不足以必然促使正确决定的产生，就像我们在每次大会上看到的那样，但试着想象一下如果没有政府间气候变化专门委员会，气候谈判可能会完全乱了套。该委员会的最新报告不仅更深入地详述了与气候相关的经济挑战，而且对气候变化的影响给出了更清晰的未来展望。这足以让政治决策者们直面自己的责任。

谁是温室气体的排放者？

尽管对气候变化提出了诸多警告，温室气体的全球排放量仍在不断上升。1900 年至 2010 年期间，温室气体排放量增长了 30%。我们谈论气候愈多，气候却愈在被破坏！

温室气体在我们日常生活中无处不在

温室气体会在能源生产、交通、粮食生产及伐林活动中产生。为减少温室气体排放，不管身处"富裕"国家何处，应对的方法从纸面上说是很简单的：如果碳捕捉技术还未成熟，就需要减少使用石化能源，打造能减少出行的城市，改变饮食习惯和农业生产模式，以及停止伐木。从一些方面来看，世界还是在朝着好的方向迈进；从另一些方面来看，则全然相反。肉类消费在不断增长，积极的一点只是森林砍伐有减缓趋势。石化燃料逐渐让位于可再生能源，但仍占全球能源组合的 82%，与 1971 年相比仅下降了 5%。也就是说，应对气候变化的进展太过缓慢。

最后，说到温室气体，我们是将多种气体囊括在内的，包括占温室气体总排放量74%的二氧化碳、16%的甲烷，以及8%的一氧化二氮。后两种气体的排放主要源自农业活动，在各类更倾向于集中讨论二氧化碳的气候谈判中往往被遗忘。对于某些国家而言，这将得出全然不同的结论。比如，新西兰在控制二氧化碳方面表现出色，但他们有一半的温室气体排放量是来自农业活动产生的甲烷。总体而言，自20世纪70年代以来，地球上的自然资源的消耗速度快于地球的再生能力。如果说地球是一家企业，我们已经濒临破产了。但是，正因为她不属于任何一个股东，这种现象依然会继续下去，迄今为止还没有任何真正的改变。

1个美国人的排放量相当于6个塞内加尔人+4个瑞士人

中国与美国是温室气体排放量最多的国家，两个国家的排放量占了全球温室气体排放量的45%左右，但二者的发展轨迹迥异。如今，美国与其他工业国家一样，温室气体排放量很稳定，甚至略微下降。而在一些新兴国家，由于人口和经济的增长，温室气体排放量呈逐年增长的趋势。

此外，温室气体排放量在全球也分布不均。一方面是越富庶的国家，越多地排放温室气体。一个美国人平均每年排放20吨温室气体，而一个塞内加尔人或马里人平均每年仅排放2吨。这就是气候变化所呈现的不公平之核心，它让最穷的国家先受到冲击。这就是为何应对气候变化也是一项涉及社会公平的政策。

另一方面却是我们可以做到跟邻居一样富有,但同时排放更少的温室气体。一个美国人比瑞士人排放多四倍的温室气体,而瑞士人的人均收入却比美国人高得多。结论就是,有可能在减少温室气体排放的同时并不降低生活的舒适度。为此,我们需要推行合适的城市规划、交通及能源政策。

出口碳排放与进口碳排放

碳排放的统计数据存在重大偏差,即该数据衡量的是一个国家的生产产生的碳排量,而不是消费引起的碳排量。由此,德国与中国两大贸易顺差国的碳排量,事实上被用作他途。而沙特阿拉伯的大部分碳排放与石油开采有关,实际上是来自于我们汽车的油箱(即沙特的碳排量实际上是由他国消费沙特的石油所致)。

选择用生产产生的碳排量还是消费引起的碳排量来计算,会改变各国的评估结果。由此,自 1990 年以来,法国产生的碳排量减少了 70% 以上,但消费引起的碳排量则增长了 15%。就统计数据来看,中国和法国的人均碳排放量几乎相同,但如果扣除中国出口的碳排量,而加上法国进口的碳排量,差异就显而易见了:两国的人均碳排量从原来的各自 7 吨,变成中国的约 5 吨、法国的 9 吨。

统计方式的选择（测量由生产产生的碳排量）有两大原因。首先是温室气体相关的经济收益在于产油国，如沙特阿拉伯受益于石油美元环流[1]。其次是没有一个国家希望将国际贸易的利益关系纳入气候谈判中。对大部分国家而言，这是一条红色警戒线，关于气候问题的提案往往在提醒我们：政策和承诺不应该引发对国际贸易的各种限制。

我们可以通过这些例子看到，气候战争也是一场统计数据之战。

---

[1] 石油美元环流是指石油进口国家大量利用欧洲银行贷款来弥补石油价格上涨造成的贸易收支逆差。——译者注

气候变化带来哪些影响？

我们都能想到一些极端气候事件，那些婉转的称呼有飓风、暴风雨、干旱等，这些灾害的受害者显而易见。2003年欧洲酷暑天气、2005年美国卡特里娜（Katrina）飓风或2012年桑迪（Sandy）飓风、2013年菲律宾的海燕台风、2014年英国南部的洪灾、2015年3月瓦努阿图的帕姆飓风（Pam）和加州的历史性干旱、2015年夏天印度和巴基斯坦遭受严重的热浪袭击——此类例子不胜枚举，都在表明气候变化已然产生效应。

未来损失的预告片

如果说从科学角度不能将某一事件与全球气候变化联系在一起，那么其发展趋势是显而易见的。目前的局势将无法顺利转好，如果到2050年还不作出任何改变，波尔多[①]的气

[①] 波尔多是法国西南部城市，属温带海洋性气候。——译者注

候将使其变成如今的塞维利亚①，而波尔多红酒只能成为一份遥远的回忆。世界气候组织（OMM）预测，2003年夏季造成法国1万多人死亡的酷暑天气，将毫无悬念地成为21世纪中叶的常态。在法国的国界之外，尤其是热带地区，情况更糟糕。像恒河和尼日尔河三角洲等人口稠密的沿海地区，如今政局稳定，但如果海平面上升，当地的政局将会变成什么样呢？根据世界银行的报告，由于对农产量的影响，以及干旱洪灾频发严重打击粮食收成，气候变化已成为未来几十年粮食安全的第一大威胁。②

由于气温演变轨迹的不同，产生的效应当然也会不同。气温再升高2℃，其连锁反应将引发一系列问题的爆发，就是科学家也无法预估所有的后果。

行动起来比听之任之的代价更小

即便很片面地罗列出气候变化的影响，也可让人意识到需要重审我们当前的所有均衡关系，包括粮食、地缘政治、经济等。联合国政府间气候变化专门委员会获得了2007年的

---

① 塞维利亚是西班牙南部城市，属亚热带地中海气候。——译者注

② 《延缓全球升温的步伐：极端气候、区域性影响和适应气候变化的案例》（*Turn Down the Heat: Climate Extremes, Regional Impacts, and the Case for Resilience*），世界银行报告，2013年。

诺贝尔和平奖，那是因为一旦任由全球平均气温上升4℃，世界将不可避免地面临许多冲突。因此，质问行动的代价是很荒谬的。相比之下，不作为的代价将极其昂贵。

面对如此的现状，确实有一些人散播着"灾变说"的悲观论调，但这里讲述的所有例子都来自全球科学界已达成共识的报告。是的，我们不该害怕说出来：不受控制的气候变化会是一场灾难。在这种背景下，最弱势的国家尽力在气候谈判中提出碳排量最大国家的法律责任问题，以及因气候灾难遭受的"损失与损害"赔偿问题，自然灾害有时能造成几十亿美元的损失。

意识到气候变化的影响不该让我们停滞不前，以至于妨碍我们行动起来，而是与之相反，理应促使我们加快研究和部署解决办法。实际上，解决办法已然存在，但却受限于缺乏政治意愿和一些目前拒绝改变经营模式的企业的游说活动。

我们还能控制气候变化吗？

现在开始控制气候变化，是否为时太晚了呢？这是个重要问题。2014 年是历史上最热的年份，因为二氧化碳的全球排放量在不断增长，2013 年又持续增长了 2%。唯一可预见的好消息就是：2014 年在全球经济增长 3% 的背景下，能源生产相关的碳排量首次稳定下来。为了实现到 21 世纪末地球的平均温度与前工业时代相比上升不超过 2℃的目标，扭转上升趋势是势在必行的。从 2020 年起，碳排量必须快速减少，否则就真的太晚了。

气温保持低于 2℃的增长仍有可能

在 2014 年的报告中，联合国政府间气候变化专门委员会展示了仍有可能回到 2℃的增长轨迹。但是，我们的"碳预算"已被用了一半以上，也就是说我们排放了超过一半以上为达成这一目标而"被准许"排放的温室气体。如果我们继续按照近些年的节奏，到 2020 年我们将会排放大量的温室气体以至于全球气温升幅不可能低于2℃。

逃开气候失常的机会之窗正在关闭中。我们应当现在就行动起来，因为当前的所有决策将决定着明天的碳排量。例如，现在建造的所有火电站将在今后30年或40年排放温室气体，从而产生棘轮效应①，导致未来几代人遭殃。

维持在2℃以下的气温升幅将困难重重，但如果放弃国际社会在哥本哈根气候大会上确立的这一目标，将无疑是自取灭亡，因为我们将没有共同的参照物来衡量采取气候行动的雄心壮志。各国可能会再用十来年的时间协商出一个新的目标，而不是行动起来。

2015年：真理的时刻

我们能否想象巴黎气候大会将达成一项雄心勃勃的新协议，使得全球气温升幅回到2℃的水平？根据非政府组织"气候行动追踪"的测算，各成员国的自主贡献方案，即各国对到2025年或2030年减少碳排量的承诺，将有可能将预期的气温上升控制在2.7℃左右。这比最初所估计的气温上升在4℃左右好得多，但与科学家建议的2℃目标仍有差距。

因此，这些国家的政治领导人应当重新审视自己的行动

---

① 棘轮效应，意指由俭入奢易，由奢入俭难。——译者注

计划。但这有可能吗？在欧洲，2014年10月各成员国确立的目标被给予了一定的灵活性，因为它旨在到2030年实现"至少"减少40%的碳排量。诚然，很难说服波兰和东欧国家走得更远，但没有什么能阻止法国、德国、英国、北欧国家等一起决定走得更远。不过，前提条件是美国也将减排目标相应调高。

在很大程度上，应该是作为巴黎气候大会的组织方和东道国的法国来负责组织这场气候对话和谈判。但我们往往发现，法国当前并没有发挥应有的作用。在欧洲范围内，法国并没有试图建立一个国家联盟以求上调欧洲的气候目标。为了在协定中纳入新的科研数据，法国提议在21世纪末之前实现"碳中和"目标，以及富国到2060年实现这一目标。这是对谈判达成2℃目标的具体诠释。

追溯回归2℃气候目标道路的协议

为了衡量巴黎协定让我们回归到2℃目标的能力，我们应当跳出协定本身去看。很多地方政府和企业作出的无数行动承诺可进一步加强保护气候的雄心，并描绘了一个碳中和的世界。各国本身可制定一些对气候有深刻影响但不会立马反映到"度数"的政策。例如，如果国家联盟致力于达成一个高碳价或提高绿色研发经费，那就是这样的情形。反常的是，如今的环保研发经费投入却还不如20世纪70年代第一次石油危机之后。

因此,我们在巴黎应当评估的内容是,何为法国东道国命名的巴黎联盟,而不仅仅是联合国协定。这么做的目标就是建立一个"以2℃目标为共识的国家联盟"。如何从各国不足以将气温升幅保持在2℃以内的自主贡献方案,转到能有信心控制住升幅的最终结果,这是最近让我们从巴黎气候大会抽离出来的重要挑战之一。这也将是巴黎气候大会成功的评判条件之一。

如何评估《京都议定书》？

《京都议定书》是国际社会应对气候变化挑战的第一次尝试。该议定书在 1997 年最终谈判达成,并于 2005 年开始生效,它确立了所有工业化国家减少温室气体排放量的目标。当时,工业化国家约占全球二氧化碳排放量的 55%,他们承诺在 2008 年至 2012 年期间将各自的碳排量削减 5%。美国参议院却在《京都议定书》签署的几周后拒绝批准所有的协定,其借口是议定书没有规定发展中国家,尤其是中国的减排承诺,以至于克林顿总统从未提交参议院审议[①]。

谁兑现了承诺?

在 2008 年至 2012 年期间,欧盟兑现了自己的承诺,成为加入《京都议定书》第二阶段承诺的唯一最大碳排方。在

---

① 在美国,国际条约的批准必须得到参议院三分之二多数的支持。——译者注

北美地区，即便有过极少的几次控制碳排的尝试，也均被保守派政党挫败了。在日本，履行《京都议定书》的承诺仅仅表现为购买碳排配额，以便弥补疲软的减排政策。2011年福岛核泄漏灾难致使日本不再续签《京都议定书》的承诺，原因在于为补偿核能的缺失不得不重新开始使用石化燃料。

国家（地区）	2008—2012年减排承诺的百分比	2008—2012年的碳排变化百分比（与1990年*相比）
欧盟	−8	−13.2
俄罗斯	0	−36.4
日本	−6	−2.5
澳大利亚	8	3.2
美国	−7	9.5

* 剔除配额的购买/出售
来源：法国信托局气候中心（CDC Climat），《京都议定书的事后评估》（*Ex-Post Evaluation of the Kyoto Protocole*），2014年5月

全球另一个履行承诺的地区就是以俄罗斯为首的东欧，正如我们在上面的表格中看到的，但这首先是一种视觉假象。此处参考的年份是 1990 年，刚好在苏联解体引发的东欧经济体陆续崩溃之前。该事件导致所有的东欧国家急剧减少了碳排量。因此，他们毫不费力地达成了减排目标，甚至产生了二氧化碳减排的配额盈余，以至于急切地在国际市场上出售碳排放权，即专家们所称的"热空气"。这致使每吨二氧化碳的价格下滑，甚至抵消了《京都议定书》设立的激励措施。

变得过时的议定书

自 1997 年以来，全球局势发生了转变。中国在 2010 年成为全球最大的温室气体排放国。工业化国家对于《京都议定书》的争议不断。只有欧盟、挪威、瑞士及澳大利亚（当时进步主义政府当权，如今已然不再）于 2012 年在多哈承诺，从 2012 年至 2020 年期间履行第二阶段的减排目标。其他国家提出，议定书只涵盖了全球碳排量很少的一部分（约15%），并且无法让人看到将气温升高幅度控制在 2℃ 以下的希望。

《京都议定书》已失去很大一部分实质性内容，并将于 2020 年到期。如果 2015 年巴黎气候大会能达成一项协议，《京都议定书》应在 2020 年被 2011 年以来谈判产生的新文本所取代。

创建碳市场

虽然说《京都议定书》是一次政治和法律层面的失败，因为它并没有令主要污染国减少碳排量，但它的许多条文使得应对气候变化取得了显著进展。该议定书采用碳交易市场机制，令欧洲产生了一个庞大的碳排规范系统，给所有的主要污染国确定了排放配额。如今，这种做法延伸到北美和亚洲地区。议定书也创建了"清洁发展机制"，能让发达国家通过资助贫穷国家的项目来补偿重污染的碳排量。即便该协定并未兑现对穷国的承诺，但它给印度或中国带来了一定进步。

事实上，《京都议定书》是许多气候政策的起源。从这方面而言，它仿佛在一支足球队中充当了很好的中场角色：这一角色的缺失将是灾难性的，但我们也绝不会看到他在同一场比赛中独进三球。

明天会有数以百万的气候难民吗？

2014年底，新西兰法庭给来自图瓦卢岛的一个家庭提供避难，他们以气候灾难为由来佐证自己的难民身份。这个案例之所以成为司法辩论的热议话题，是因为所涉及的问题十分重要。根据挪威难民理事会（Norwegian Refugee Council）[1]的统计，全球由于气候原因迁徙的人口，比由于武装冲突背井离乡的人已多出了三倍！明天又会如何呢？联合国环境计划署估计2060年非洲将有5000万气候难民。这一话题酝酿了所有可以想象得到的奇幻场景，以至于好莱坞和视频游戏纷纷抢滩。想一想电影《后天》（The Day After Tomorrow）中，墨西哥向数百万美国气候难民关闭国门，或《权力的游戏》（Game of Thrones）中随着"凛冬将至"，僵尸潮汹涌冲向墙门之外。

---

[1] 挪威难民理事会是专门从事紧急救援的独立组织。

恒河与尼日尔河三角洲被淹没

我们面临的问题却是切实存在的。全球大部分人口如今生活在沿海地区，如果全球气温升高超过2℃，一些岛屿国家，尤其是太平洋地区的岛国将面临消亡的威胁（至少将无法居住）。这让我们意识到问题的严峻性。在印度和孟加拉，洪灾致使数万人不得不临时迁徙。倘若海平面升高1米（如果气温升高约4℃），居住着近80%埃及人口的尼日尔三角洲将发生什么样的灾难呢？面对气候灾难，当地居民将如何应对呢？他们将"困在家中"吗？他们会逃往更富庶、受灾影响较小的国家吗？他们仅仅会在国内迁徙数百公里或迁到南部邻国，就像如今的那样吗？这将是谁都无法预料的场景。

不过，这种迁徙可能首先都是南南迁徙，因为对于气候变化的首批受害者来说，这种迁徙更为便利。对于撒哈拉人而言，到西非或马格里布地区定居比去欧洲容易多了。不过，我们对发展中国家管理这些现象的能力提出质疑。要处理好这些问题必然会给当地人口和国家预算造成一定压力，必须有强有力的后勤准备做后盾。修建难民营、提供基础服务、分享资源——发展和抗击贫穷所面临的挑战，将是我们如何应对的核心答案。

设立气候难民身份？

目前来看，国际社会对于在 2015 年 12 月巴黎气候大会上可能被忽视的挑战，仍然没有应对方案。我们应当在《国际法》中设立"气候难民"的新身份吗？要知道难民被认为在危机过去后能回到自己的家园，但太平洋岛屿的居民却并非如此。那么，谁能承担这些迁徙的成本？

这些问题如今绝大多数被气候公约所忽视，而全球许多地区的和平与安全维护很大程度上取决于这些问题。

2

外交

法国真的是模范国家吗？

2014年11月，塞格琳·罗雅尔（Ségolène Royal）在环境大会上表示："我们法国的《绿色发展能源转型法案》（*Loi de transition énergétique pour la croissance verte*）在欧洲处于最领先地位。"那么，法国真的是模范国家吗？

碳排量减少的障眼法

为了评估一个国家的模范程度，最激进的方法是衡量按照人均进行"碳预算"的温室气体排放量，即衡量符合将全球变暖控制在2℃以内的人均碳排放水平。当前法国人每年人均排放温室气体9吨，远远超过2050年实现年人均碳排放1.8吨的目标，该目标即是按照气温上升2℃的发展轨迹预估的。如果将这些碳排量与经济财富相比较，则所得的排名会截然不同：国内生产总值的碳浓度，即为获得一个单位的国内生产总值所排放的温室气体量，法国位居第二名[1]，仅在瑞典之后，远居于排名第十一的德国之前。这主要归功于法国的核电站，核能的确是一种低碳能源，但同时也带来了无法解决的废料处理、安全隐患及成本上涨等问题。

这种情形反映了我们过去的选择。那么，如今的选择又有哪些呢？就《京都议定书》而言，法国在第一时间说服了合作伙伴，其目标是无为而治。她强调自身的核能发电组和较低的人均碳排放量，并为自己设定了在1990年至2012年期间稳定碳排量的目标。该目标已经达成！法国如今已承诺加入《京都议定书》的第二阶段承诺，即到2020年比1990年时减少约17%的碳排量。

不过，为了更好地了解法国人的生活方式和经济转型的真实情况，也应当将进出口差额考虑在内：1990年至2007年期间，考虑到"进口碳"因素，法国的碳排放量增长了14%[2]！这个涨幅超过了欧洲9%的平均水平。因此，法国并没有真正减少碳排量，仅仅是通过将污染最严重的产业安置到远离欧洲的地区而实现了"外迁"。

---

[1] 这个数据来源于欧洲统计局（Eurostat），2012年。

[2] 《进口的碳排量——世界贸易的偷渡客》（Les émissions importées, le passager clandestin du commerce mondial），气候行动网（RAC）、法国环境与能源管理署（Ademe）、跨专业大气污染技术研究中心（Citepa），2013年。

《绿色发展能源转型法案》

法国已通过的《绿色发展能源转型法案》确定了诸多与欧盟承诺相匹配甚至更有力的目标。该法案预计到 2030 年会将温室气体排放量在 1990 年的基础上减少 40%，到 2050 年较 1990 年减少 80%；到 2030 年还会将可再生能源占能源总消耗量的比重提高至 32%，并将能源总消耗减少 20%。

然而，与丹麦等其他国家不同的是，法国并没有确定实现碳中和的目标，即使她在 2015 年 6 月的七国集团（G7）峰会上承认"有必要在 21 世纪实现全球经济去碳化"。丹麦则明确表示，到 2050 年，包括交通在内的 100% 能源消费将以可再生能源为主。

法国在环境税收政策方面也一直踌躇不决。尽管法国在 2013 年设立了气候能源税，但从污染税占全国财税总收入的比重来看（如法国占国内生产总值的 2%，而丹麦则占 6%），她仍是欧洲表现最糟糕的国家之一。在环境税方面，法国在 28 个欧盟国家中退至第 21 位。至于发展可再生能源，法国则是离实现 2020 年目标最远的欧洲国家之一！

目标与行动是否一致

评估模范程度，也要看法国 2014 年在谈判 2030 年欧洲一揽子目标中捍卫的立场。法国政府像德国一样支持在 2020

年至 2030 年期间将欧洲的碳排量"至少减少 40%"的目标，但她并不希望对可再生能源设立具有约束力的目标，并阻止相互关联的承诺义务，尤其与西班牙的相关义务，以便保护法国核能免遭西班牙可再生能源的冲击，因为后者最终的成本低于法国核电站。

最后，模范程度也表现为气候目标与其他公共政策之间的一致性。民众对于建设朗德圣母（Notre-Dame-des-Landes）机场的强烈抗议，就与出行方式的可持续性发展格格不入。如果想履行《绿色发展能源转型法案》规定的义务，就有必要改变出行方式！法国在开征欧洲金融交易税谈判中的两面派说辞，常常遭到非政府组织的抨击。金融交易税旨在筹措额外的财政收入，以资助发展中国家应对全球气候变暖问题。

2014 年，根据非政府组织德国观察（Germanwatch）发布的年度气候变化绩效指数，法国位居第十二名（远落后于排名第四的丹麦或排名第六的英国）。事实上，法国并非一个模范国家，至少在欧洲范围内不是。然而，法国在环境方面的表现足以促使合作伙伴在巴黎达成一项协议。

德国是气候保护引领者还是高碳排国家？

德国开启了能源转型之路，成为全球最雄心勃勃的国家之一。在日本发生福岛核泄漏之后，德国总理默克尔宣布彻底退出使用核能[1]，2010年核电占德国电力供应总量的22%，远低于法国的75%。德国还订立了其他大胆的目标，比如，2030年实现可再生能源占比达到50%，到2050年将二氧化碳排放量减少80%至90%。这些都超越了法国所订的目标，而德国的工业占比却远远超过法国。

核能换煤炭？

德国有关能源转型的论战——Energiewende[2]，在法国常常被诠释为"减少核能＝增加煤炭"。但是，事实并非如此。

---

[1] 彻底退出使用核能，2001年由德国社民党和绿党联盟发起。

[2] 这一话题，可参见文森·布朗格（Vincent Boulanger）：《能源转型：德国如何作为》(*Transition énergétique : comment fait l'Allemagne*)，微晨出版社（Les petits matins），2015年。

核能比重的下降大部分由可再生能源来填补，而可再生能源占到全德电能需求的近四分之三。近期煤炭的增加首先并非是由于核能的减少，而是天然气被煤炭所取代。此外，这种增长也应相对来看：2014年煤炭相关的温室气体排放量回落到2010年水平之下。

此外，德国政府在2014年11月重申坚守气候目标和大幅减少电力生产中煤炭比重的意愿。在这个煤炭工会仍占据举足轻重地位的国度，要作出这样一个决定从政治层面来看相当复杂，但德国社民党（SPD）和基民盟（CDU）形成的大联盟最终提供了助力。

焕然一新的能源景象

鉴于煤炭占比大（德国占发电总量的43.6%，而法国只占5%不到），德国目前的能源消费机制对气候并不是最有利的。但是，德国的能源战略是全球最具革新意义的政策之一。根据德国政府预测，在能源转型阶段，80%的电力将来源于可再生能源，并且可再生能源的投资多来自农民、中小型企业及个人，来自大型能源企业的份额将远远低于如今所占发电总量的比重。这也是为何德国能源巨头意昂集团（E.ON）选择将业务一分为二，一边押注于可再生能源、能源效能、智能配电和用电网，一边成立了一个囊括煤炭和核能资产的新实体，从而希望最终彻底摆脱这些旧能源。

此外，大规模的分散式发电系统是德国为便于能源转型而达成政治与社会共识的一个关键点。具体而言，就是市镇政府、中小型企业、农民及个人都可以参与争夺现今大型能源集团的收益。这是跟法国电力公司所捍卫的法国集中式文化全然相悖的一种运作模式。

能源效能的冠军

如果说德国的电价远高于法国（约高 30%），但每户家庭的电费发票却往往低于法国，因为德国实施了行之有效的能源效能政策，尤其是在住宅方面。此外，再分配机制使得德国工业保有市场竞争力。实践表明，即使能源价格高，也不会成为经济蓬勃发展的障碍。毫不夸张地说，全世界密切关注着德国在能源转型方面的经验，因为作为全球第三大经济体，德国成功地实施了能源转型。她证明了这种可能性，并走在了前沿。

不太"支持气候"的其他方面

当然，德国在其他方面还有诸多亟待改善的地方。在资金方面，她两次成为第一个贡献出更多公共资金的国家，具体如 2014 年绿色基金的筹资活动，以及 2015 年宣布捐出额外的 20 亿欧元资金来帮助发展中国家应对气候变化挑战。她还为其他捐献方设立了一定的标准。她对欧洲金融交易税的支持，尤其是对征收包括所有金融产品在内的税基的支持，也起到了决定性作用。

最后，值得强调的是，德国在某些方面并不太"支持气候"。她阻挠欧洲对汽车排放订立规章制度，因为德国的汽车制造商们专注于高端车型，成为全球尾气排放最大的始作俑者之一。她还阻止所有可能破坏与中国商务关系的行为。当中国政府欲向欧洲施压，以便让欧洲放弃对飞机碳排量征税的指令时，德国成为中国在欧盟内部最强有力的支持者。

欧洲是否仍处于世界前沿？

欧洲往往将自身定位为全球气候事业的领导者。从诸多方面来说也确实如此。她致力于到 2030 年将温室气体排放量较 1990 年水平降低至少 40%，成为全球最大碳排放体中承诺降幅最大的经济体。然而，欧洲的这种领导地位逐渐消退了。2014 年 10 月欧盟成员国通过的《气候与能源法案》，没有 2007 年至 2008 年哥本哈根气候大会期间的决定那么雄心勃勃。其法律效力更弱，减排的节奏也变缓了。

欧洲被竞争对手所超越？

尽管欧洲在绿色技术方面拥有一定的优势，但她已逐渐被赶超。欧盟和韩国签署的自由贸易协定于 2011 年正式生效。在欧洲与韩国的这场自由贸易协定谈判中，并非韩国人要求降低汽车排放量的标准，而是欧洲人，因为否则他们将无法销售依据韩国标准污染太重的欧产汽车。另外，从环境角度而言表现最出色的炼钢厂不再坐落于欧洲，而是在中国。中国新兴市场上每吨煤炭的价格往往高于欧洲市场。这种趋势可能将加速显现,因为中国成为太阳能的全球领导者。最后,也是在美国加州,而非欧洲,绿色经济和数字经济相结合正初现端倪。

表面统一融合但存在深度分歧的欧洲

如果说欧洲很难就2030年的气候目标达成一致,那是因为她经历了类似于发展中国家与工业化国家相互对立的内部分歧。德国与北欧国家处于能源转型的前沿,但波兰或捷克共和国却有着近似于主要新兴国家的过去:发电系统以煤炭为主,并在效能方面十分落后。

欧洲在气候问题上的地位,也因各成员国无法就统一的能源政策达成一致而被削弱了。许多言论都是关于欧洲能源联盟的,但事实上,如何选择仍大多取决于各国的考虑,无论是德国退出核能还是波兰或英国要开采页岩天然气(目前仍未成功开采)。不过,尽管存在诸多差异,欧洲的能源政策仍可建立在安全获取能源的大环境下各成员国要提高能源效能、开发智能电网和可再生能源的共同利益之上,而鉴于欧洲与天然气主要供应商俄罗斯之间的矛盾冲突,安全获取能源成为一个高度敏感的话题。欧洲超过90%的石油和天然气,都一直来自进口。

欧洲为气候问题寻求新动力

尽管有诸多拖延，欧盟及其成员国仍具备置身于国际气候谈判中心的一切条件。欧洲在发达国家中致力于减排的幅度最大，并提供了超过54%的国际发展援助。因此，她成为最贫困国家的重点合作伙伴。对于贫困国家而言，欧洲成为连接美国、日本等一些保守发达国家的桥梁，而日美等发达国家则往往力图限制资金援助和技术转让。

正是这个由欧洲、最贫穷国家、拉美国家和南非等积极进取的新兴国家联合组成的气候联盟，在2011年促成了德班协议，并重启了继哥本哈根会议失败后节奏放缓了的相关谈判。也正是这个联盟可能在巴黎促使中美等其他主要国家上调自身的气候承诺。但欧洲气候外交要取得成功，还任重道远。欧盟要处于气候谈判核心位置的条件，是欧盟团结一致前进。不过，出席气候大会的欧洲各国部长往往花了更多的时间进行内部谈判，而非跟合作伙伴们讨论。

奥巴马能真正承诺什么？

奥巴马（Barack Obama）将在2016年美国总统大选结束后完成第二任期离开总统府，他似乎已经决定将应对气候变化作为其政治遗产的一部分。他的第一任期内几乎未在环境方面有所进展，但环境问题在2013年重返政治舞台。在奥巴马第二任期内担任美国外交部部长的约翰·克里（John Kerry），也长期致力于解决这些问题。

刚启动的气候政策

多项决策都朝着这个方向努力，譬如否决美加基石（Keystone）特大输油管道项目，以及2013年通过火电站标准。这实际上让在美国兴建新的火电站设施无利可图。特别是通过实施2015年8月宣布的《清洁电力计划》（Clean Power Plan），可以预见现有电站的二氧化碳排放量会出现真正的下降（到2030年实现比2005年下降32%）。

美国的能源政策对于气候变化问题仍含糊不清。诚然，页岩天然气的开发使得美国国内的煤炭消费大幅减少，碳排量也随之大幅减少，但美国此后开始出口煤炭，导致煤炭价格的大幅下滑。此外，美国总统奥巴马还曾于2015年5月批准在北极地区进行石油开采，但最终在10月叫停。

美国的民意本身也有所变化：2015年1月的民调显示，67%的美国人支持应对气候变化的政策[1]。毋庸置疑，从2005年卡特里娜飓风、让农民遭殃的西部严重干旱到2012年桑迪飓风，各种自然灾难频发也起到一定的警示作用。

美国国会中占据多数席位的共和党仍对气候变化持怀疑态度，并继续阻挠一切环境方面的进步，尽管也有不一样的声音，如小布什政府的前财务部部长亨利·保尔森（Henry Paulson）就支持征收碳税。

反对气候协议的美国国会

美国给巴黎大会带来的最大质疑之一，就是美国总统在未经国会批准的前提下不能签署国际公约。事实上，美国总统可以签署条约，比尔·克林顿（Bill Clinton）签署了1998

---

[1] 《全球变暖：应当如何应对？》（*Global Warming: What Sould Be Done?*），斯坦福大学（Stanford University）、未来资源研究所（Resources for the Future）、《纽约时报》（*The New York Times*），2015年1月29日。

年《京都议定书》，但由于缺乏多数议员的支持，他最终不得不放弃提交国会审批。在哥本哈根，同样的情景又再次上演：美国无法加入《京都议定书》的第二阶段承诺。

在2014年11月共和党中期选举获胜之后，美国的情况并未发生改变。不过，关于气候问题的讨论比哥本哈根大会之前更为开放。国际社会大多拒绝将这种政治格局考虑在内，包括民间团体也是如此。谈判专家如今试图绕过政治格局，提出了两个基本问题：要免于国会批准的协议可以采取什么样的法律形式？美国总统能作出哪些无须国会审批的承诺？

美国正朝着大幅减少碳排量的道路前行？

在2014年11月召开的亚太经济合作组织（APEC）峰会期间，奥巴马宣布美国将在2005年的基础上减排26%~28%。与当前的发展趋势相比，这已经是一大显著进步。但这是否足以回归到2℃的气温增长轨迹上来呢？当然不能。根据一些研究显示，工业化国家应当到2030年达到在1990年的基础上减排35%~55%的目标。[1] 美国与这一目标仍相距甚远，因为他们2005年的碳排量远高于1990年的水平。美国承诺的减排目标是在25%左右，远低于欧洲的减排目标40%。

---

[1] 参见《第五次评估报告》（The Fifth Assessment Report），政府间气候变化专门委员会（IPCC），2014年。

不管怎样，世界资源研究所的一项研究表明，奥巴马与中国在 APEC 峰会期间共同设立的目标是可以达成的。[①] 美国可能通过加强现有的联邦立法（如 1970 年的《清洁空气法案》[*Clean Air Act*]），并避免经由总统所在党不占多数席位的国会进行审批，来兑现到 2020 年在 2005 年的基础上实现减排 17%，到 2025 年减排 26%~28% 的承诺。

最后有待美国改进的一大方面，当然是资金问题。奥巴马承诺将为总规模 100 亿美元的绿色气候基金贡献三分之一的资金，但要达到 1000 亿美元，还需要动用额外的公共资源。然而，我们看到，美国的代表目前始终否认贡献出更多资金的必要性。

---

① 《美国温室气体减排目标》（*The US Greenhouse Gas Reduction Targets*），世界资源研究所（WRI），2014 年 12 月。

日本在福岛核危机后能做些什么？

在 2011 年 3 月 11 日福岛核泄漏发生后，有关核灾难后续工作的讨论远未结束。在核泄漏前，福岛核电占到日本发电总量的近 30%。这场悲剧无论对日本国内关于核能的讨论还是日本应对气候变化的国际承诺，都将产生持久深远的影响。

核灾难发生后，日本关停了所有的核电站，致使其不得不重启燃气与燃煤电厂以弥补电力短缺，否则全日本会陷入一片黑暗。因此，日本的温室气体排放量开始迅猛增长。在 2009 年的哥本哈根大会上，日本仍是气候问题上表现出色的国家，并宣布了与欧洲匹敌的减排目标：到 2020 年将在 1990 年的基础上减排 25%。但在福岛核泄漏发生后，日本政府表示其目标仅为在 2005 年的基础上减排 3.8%，由此敲响了日本减排雄心的丧钟。

如今日本仍秉持着保守立场，在 2015 年 6 月递交的"自主贡献方案"中包含了工业化国家提出的最保守的减排承诺。根据世界资源研究所的评估，考虑到对可再生能源的投资和能源效能因素，日本自主贡献方案中设定的 26% 的减排目标本来应该提升到 31%。

被气候宿命论者占领的国家？

所有人都承认日本正经历着困境，并对日本的能源模式进行了深层次的思考，但这不足以解释日本在气候谈判中的僵化表现。作为《京都议定书》的产地，日本在这些问题上渐渐变得相当保守，甚至拒绝加入 2012 年至 2020 年《京都议定书》的第二阶段承诺。日本连续几届政府越来越向加拿大、澳大利亚那些最保守的国家看齐。各种负面信号越来越多地显现，比如，日本要求新兴国家作出与工业化国家几乎一样水平的承诺，导致了在气候问题上跟中国的矛盾冲突。作为应对气候变化和发展的主要资助国，日本成为最后宣布给绿色气候基金捐资的主要捐献国，并且她还继续大力资助亚洲和发展中国家的煤炭开发。

为能源转型服务的技术

不过，日本在能源转型的诸多方面仍保持积极进取的姿态。尽管石化资源匮乏、人口稠密，她仍是能源效能方面的一大典范。作为混合动力汽车的发明国，日本生产了全球污染最低的汽车之一，法国也一样。如果美产汽车的能源消耗达到日产汽车的水平，那么每年将减少近十亿吨二氧化碳排放量，相当于近2%的全球年碳排量。

从能源利用和碳排量角度来看，日本工业的表现也相当出色。但这并不妨碍日本的人均碳排量仍处在相当高的水平，与德国相当，即每年人均碳排量将近10吨二氧化碳。其中的主要原因在于日本即使在核能使用的鼎盛时期，煤电仍占发电总量的约20%。

此外，福岛核泄漏对日本的能源效能政策发出了警示。日本由此加快了行动，出台诸多标准，其主要目的在于减少用电需求以避免大规模停电，并让日本工业重新启动。因此，日本仍能掌控全局，对气候变化行动进行再投资，并抢夺绿色技术的市场份额——即使福岛核灾难留下的创伤，以及政府的不倾向于多边合作，都不再让人指望奇迹出现。

为何中国开始行动起来？

中国在 2006 年成为全球最大的二氧化碳排放国，在 2010 年成为全球最大的温室气体排放国。从 21 世纪 30 年代起，中国自 1850 年以来的累计排放量将会超过美国。[1] 全球人口最多的国家成为主要碳排国并非不合逻辑，但即使中国排放量变化的首要原因理应在本国寻找，也让她不得不面临新的国际责任。

中国达到发展模式的环境极限

有关政府官员表示，如今中国民众产生怀疑的主要原因并非出于工作条件或信息检查制度，而是与环境有关：水、食品及空气质量差。2013 年 1 月，北京空气中飘浮的细小颗粒物如此严重以至于媒体称之为"空气末日"。

---

[1] 《全球二氧化碳的排放量仍在增长？》（*Are Global CO$_2$ Emissions Still Rising？*），荷兰环境评估署（PBL），2013 年。

空气质量差也成为一种政治成本，因为它让新的城市中产阶级感到不满，并让越来越多的管理阶层不愿意在市中心工作生活。因此，这不仅仅是一个"环境"问题，更是关系国家稳定的政治与经济问题。而执政党的终极目标就是维护国家稳定。

中国大城市的空气质量差也对全球气候有害。要知道，大规模的燃煤发电碳排放占中国发电总量的69%和全球煤炭消费总量的50%。为此，政府采取了一系列措施，如提高燃料的质量标准、到2017年关停国内和北京市中心的众多工厂。再加上中国经济增速放缓，这些措施在2014年首次带来煤炭消费量的下降，下降了3%。2015年第一季度的煤炭消费量又下降了8%，我们无疑将见证"煤炭消费峰值"的到来。中国政府预计煤炭消费的峰值将在2020年到来。如果它提前到来，也不会必然有损中国的经济利益。中国消费的近一半煤炭来自进口，尤其是来自澳大利亚。

中国将进入"生态文明"？

面对气候风险（荒漠化、因喜马拉雅冰川融化引发的水资源匮乏等），中国开始行动起来。2013年习近平主席设定了更高目标，即中国要成为"生态文明"建设的典范。中国这艘大船正在慢慢但坚定地调转航向。

正是在这种背景下，2014年11月中国正式将目标从改进国内生产总值的碳浓度（即单位国内生产总值的二氧化碳排放增长幅度有所下降，但仍有一定增长）转为达到碳浓度上限（峰值），然后在 2030 年减少碳排量绝对值。这种转变是根本性的，因为它让中国进入了承诺减少碳排量的那些国家的俱乐部，终结了起源于 20 世纪 90 年代的发达国家才会作出此类承诺的独特现象。

然而，再进一步看，这个时间表可能被认为相当保守，因为在宣布 2030 年达到二氧化碳排放峰值之前的讨论曾预测了 2025 年至 2030 年之间的多种可能性。此外，伦敦政治经济学院尼古拉斯·斯特恩（Nicholas Stern）和弗格斯·格林（Fergus Green）的研究表明，煤炭消费峰值可能会在 2025 年到来，因为煤炭消费量比预期更早地下降了，比如北京等城市正致力于 2020 年就达到碳排放峰值。[1]

中国面临多边合作的考验

除了能源结构的重新定位，中国也希望引入碳价来减少工业领域的碳排量。这就是为何中国在 2013 年和 2014 年引入 7 个碳排放配额交易试点（分别在 2 个省份和 5 个城市），

---

[1]《中国的"新常态"：结构调整、更好增长及排放峰值》（China's "New Normal": Structural Change, Better Growth, and Peak Emissions），伦敦政治经济学院（LSE），2015 年 6 月。

并到2017年推广至全国。此外，如今中国的碳价往往高于欧洲市场。在哥本哈根大会之前，并未预料到这种情形。

这些积极的行动又被2015年9月中美两国发表的《中美气候变化联合声明》（*China-U.S. Joint Statement on Climate Change*）进一步加以巩固。中美两国首次同意消除哥本哈根大会的最大阻碍之一，即建立一个共同的承诺验证系统。透明度的强化对于在执行协议中增强互信至关重要，尤其是当一个协议没有规定任何惩罚机制的时候。

新兴国家会毁了地球吗？

主要新兴国家[①]如今占全球总人口约40%，占全球二氧化碳排放量的30%。20世纪末以来，新兴国家一直处于迅猛增长的状态，经济增长达到了两位数。如果按照目前的速度发展，中国的人均碳排量正在超过法国，并将在十几年后超过整个欧洲的水平。

新兴国家处于气候谈判的核心。显而易见的是，如果这些国家不采取行动来控制碳排量，那么全球气温上升将不可能维持在2℃以下。

最受气候变化影响的国家

长久以来，新兴国家给人的印象就是"拥有诸多富豪的

[①] 主要新兴国家集结在不同结构的团体中，如基础四国（BASIC，即巴西、南非、印度及中国）、金砖四国（BRIC，即巴西、俄罗斯、印度、中国）。

贫穷国家",但他们正在演变成"拥有诸多穷人的富裕国家"。实际上,这些国家的贫富差距悬殊,并出现了日益加剧的社会紧张局势,比如巴西在 2014 年足球世界杯开始前的示威游行活动。

这些国家也是比欧洲或日本更易受气候变化影响的地区。他们多数位于气候变化影响最大的热带地区,已在面临一些重大灾害。比如,喜马拉雅山的冰川融化威胁到印度和中国的淡水供应;巴西南部的旱灾致使水电站大坝无法运转,引发前所未有的断电等。

新兴国家的政治决策十分复杂。他们显然有意控制气温上升,因为他们仍经历着严重的贫困(印度有 4 亿~5 亿的人口一直没有通电,相当于整个欧洲大陆的人口数量),被迫尽可能地推迟行动,并且指出发达国家应承担责任。

绿色技术在发达国家,碳排放在发展中国家?

事实上,这是经合组织成员国和新兴国家在气候谈判之外进行的一场经济战役。前者担心以历史责任的名义被强行加上会影响自身竞争力的要求——如果新兴国家不加入减排承诺的话。相反的是,后者则认为富裕国家大多是从自己这里进口廉价商品,利用气候政策设置贸易保护壁垒,或者将只有富裕国家掌握技术的国际标准强加于他人。这就是为何巴西倾向于认为"绿色经济"的说法是一种新的抢占市场的殖民工具。

找到绿色技术转让方式的良好折中办法，是促使印度达成最终协议的关键。但是，关于绿色技术在发达国家而碳排放在发展中国家的说法，已经越来越不符合事实。如今污染最轻的炼钢厂建在中国，也是在这个国家我们能找到最先进的太阳能汽车研发项目。

各国国情不同

最后，新兴国家并不构成一个共同体。我们常常忘记这个，但中国的人均国民生产总值更接近意大利而非印度，何况印度也远非主要新兴国家中最贫穷的国家。此外，印度还是这些国家中唯一不对二氧化碳排放峰值作出承诺的国家。至于巴西，她经历了深刻的政治与经济危机，因而削弱了自身在国际谈判中的影响力。不过，在退出气候谈判之后，巴西总统迪尔玛·罗塞夫（Dilma Rousseff）承诺到2025年在2005年的基础上减排37%，到2030年减排43%。巴西由此加入了中国、南非等已设定2020年至2030年期间碳排峰值目标的新兴国家俱乐部。

最贫穷和最弱势的国家要求什么？

联合国政府间气候变化专门委员会的最新报告确认，最贫穷的国家也是最弱势的国家。一方面因为他们贫穷，另一方面因为他们地处受气候影响最深的地区，如热带地区。因此，他们是气候变化首当其冲的受害者，而他们所应承担的责任几乎为零：小岛屿国家联盟（Aosis）的39个国家的碳排量仅相当于法国排放量的一半；最不发达国家（LDC）的人口约占全球的15%，但碳排量仅占全球的5%。

如何适应气候冲击？

这些国家首先要求富国进一步加大减排力度，因为预防气候冲击的最好办法就是在上游控制损失程度——小岛屿国家联盟中的太平洋岛国主张将全球气温升高目标控制在1.5℃，比哥本哈根通过的2℃目标更为严苛。他们的第二大要求是对他们适应气候冲击提供资金支持，以便建立一个更有弹性的经济与社会发展模式。比如，最贫穷的国家要求获得资助建造堤坝以应对海平面升高的威胁，或者建设基础设施以防御极端气候事件。但直到现在，问题仍在于拨款无法落实。很简单，对适应气候冲击的资金支持在很大程度上要依赖公共资金（建一座堤坝在私人投资者看来很少"有利可图"，即便能避免损失更多的钱，但也不能直接赚钱），而投资可再生能源更吸引私人资本。

要求富裕国家买单

除了适应气候变化的影响，最弱势的国家也努力为富裕国家造成的"损失与损害"（谈判中的行话）争取资金补偿。简言之，就是要求富裕国家为他们因气候冲击引发的经济问题买单（飓风过后的修复工作/旱灾过后的食物救济等）。世界银行估计极端天气造成的年均经济损失达2000亿美元左右，对于富国而言这是一条红线，因为包括法国在内的发达国家没人愿意在几十年间支付如此巨额的代价。不过，富国在2013年华沙会议上不得不首次决定建立一个损失损害补偿机制来处理这一问题，尤其是提前预测风险以便减少极端天气事件造成的损失。这一点无疑将成为巴黎气候大会后期引发紧张关系的话题之一。

向新兴国家施压

然而，气候谈判不能再简单地总结为南北对抗。最弱势的国家也试图对主要新兴国家施压，因为这些新兴国家如今已成为全球碳排放大国。由此，马绍尔群岛、太平洋上的诸多小岛在2014年都直接质询中国，希望中国能更有作为。但是，穷国和新兴国家在联合国气候谈判中始终属于同一阵营，即七十七国集团（G77）加上中国。七十七国集团的现有成员国实际上已增加到134个，包括沙特阿拉伯、孟加拉国、博兹瓦纳及太平洋众多岛国，他们各自拥有相互对立的利益和基本立场。非洲的谈判专家意识到中国在非洲大陆通过投资、注资兴建基础设施不断加强影响力。最贫穷国家和最弱势国家在巴黎气候大会上发出自己呼声的能力和意愿，以及他们处理与新兴国家、法国东道国之间关系的方式，都将是巴黎协议的重点议题之一。

谁不希望巴黎大会获得成功？

是谁想扼杀《巴黎协定》？其中涉及的国家估计不胜枚举。在哥本哈根，一切都已足够清晰。无论是美国还是中国，出于不同理由，皆认为达成协定对其不利。然而，如今情况有所改变。虽然目前公开反对达成《巴黎协定》是政治上的不明智之举，但依旧免不了某些国家希望协定无法达成。

气候变化怀疑论者：最后的顽固不化者

首先，确实存在认为没必要采取行动的人，但人数已变得越来越少，因为气候变化怀疑论不再流行，气候变化的证据已显而易见。然而，有些政府仍持迟疑态度。加拿大深知，以非常规方式开采石油（与常规石油开采相比，产出等量能源的碳排量更大）并不符合气候变暖不超过 2 ℃ 的控制目标。澳大利亚的碳减排情况也一样，2013 年当选的新政府废除了由之前执政的工党颁布的气候政策。[①]

这些国家，一如美国，对于这一问题所持的公众舆论立场存在很大分歧。看到气候变化所产生的影响（饱受旱灾之苦的澳大利亚和美国农民、美国东海岸居民、亲历龙卷风的目击者）的公众，也加入了行动派阵营。但是，同样是在这些英语国家，相较于政府间气候变化专门委员会的科研人员，大受欢迎的主流媒体，如澳大利亚默多克集团旗下的新闻报纸，更善待这些"对气候变化持否定态度者"。

谈判拖延术

尽管印度、巴西等新兴大国有时被认为是虚张声势，如今反对达成气候协定的最后坚定阵营只剩下出售石化能源的国家，包括沙特阿拉伯、其他海湾国家、委内瑞拉、俄罗斯等。它们的主要外汇来源，同时也是其经济利润和政治稳定的驱动力，就是石油和天然气开采。有谁愿意自绝生路呢？

因此，某些上述国家拥有能源转变无法满足或至少无法太快满足的明显利益。如果说在多边壁垒中无法采取这一姿态——因为没有人会在联合国大会上承认谈判无济于事，这些国家会利用各种各样的借口、流程中的漏洞或不现实的要

---

① 本书撰写于2015年10月9日加拿大联邦大选之前，未考虑对这一问题有可能发生的立场变化。

求来拖延谈判。而对于通常是国营或私营性质的大型石化能源企业，受其自身的短视和依旧丰厚的石化能源收入的影响，也都会固执地阻碍所有关于气候变化的进程。

在美国也可感受到这种对峙，素来盛产石油的各州如得克萨斯州的代表（共和党人和民主党人）以及受页岩气暴涨影响的各州，皆不遗余力地绞杀美国对于应对气候变化的勃勃雄心。得益于采用非传统液化方式处理各种油类，美国于2014年底成为世界第一大石油生产国，尽管根据某些预测，页岩油的产量将于2020年达到顶峰。

气候变化的获益者

我们经常会谈到气候变化无常的受害者，却很少提及能够从气候变暖现象中受益的一方。当然，若是设想我们的英国朋友能够从气候变化无常中受益，能够开设媲美蓝色海岸的海滨浴场，确实是匪夷所思之事。然而，某些区域确实（至少在短期内）能够让当地从全球变暖中获益。很多国家都热切期盼北极冰川融化，以便开辟全新的商贸之路，尤其是希望借此勘探两极地区无法估量的石油和天然气储备。加拿大和俄罗斯，以及在国际发展援助等诸多方面堪称楷模的挪威，都与中国发展合作伙伴关系，共同开采北极的潜在资源。

3

协定

《哥本哈根协定》是否真的意味着失败？

130 位国家领导人会聚哥本哈根，其中三十多位曾在 2009 年峰会的最后数个小时里，相聚于一间小小的会议室中连夜起草一份协定——对于了解内情或已在新闻报刊上得知结果的人而言，第 15 届联合国气候变化大会给人的印象就是一团糟。

一切始于 2007 年在巴厘岛举行的联合国气候变化大会，当时决定在 2009 年通过一项能够比《京都议定书》更好地体现全球和二氧化碳排放现实的全新国际气候协定。2008 年末，奥巴马当选美国总统、中国的可再生能源蓬勃发展、欧盟制定了到 2050 年将温室气体排放减少 75% 的目标、巴西总统卢拉表示希望在国际舞台上扮演重要角色，诸多迹象都表明达成国际气候协议势在必行。因此，政府间气候变化专门委员会在其第四份报告中强调，采取行动已迫在眉睫。

然而，在丹麦担任大会轮值主席期间产生的分歧，以及随后中国和美国之间一直存在的矛盾，令谈判无法继续进行下去。就在峰会开幕数天前，协定正文依旧长达80页，并存在一些不可调和分歧的"可选方案"。谈判代表们所采取的"权宜之计"，是全球大国领导人在一次非正式会面结束后作出的。这次会议举行的地点是一间未配备翻译系统的会议室，而且不是所有谈判团体都出席了这次会议。

第一个被否决的协定

主要发起国的国家领导人所作出的提议，虽然只有寥寥数行，却包含了许多重大进展，包括坚持将全球变暖的升温控制在2℃以内的原则、主要碳排国对公布减排目标的承诺、2020年规模1000亿美元的富国援助穷国的资金划拨（其中2010年至2012年应支付300亿美元的公共基金）。但这份协定很快被否决。首先提出反对的是小岛屿国家联盟（Aosis）的岛屿国家，认为这样账目不清，而且很显然主要碳排国所承诺的数目会让我们踏上全球气温升高4℃的道路。随后还有委内瑞拉和玻利维亚等反资本主义的拉丁美洲国家，抨击了重视市场经济以解决气候危机的做法。

结果就是，这些国家领导人的提议未能获得联合国的背书，哥本哈根大会结束时未能达成协定。直到一年之后的坎昆会议，才最终通过了这一提议的大纲。

现状

　　协定为什么会失败？首先是因为哥本哈根大会并未真正尝试解决公平公正和分化问题。大多数工业化国家只满足于等待新兴国家作出应对气候变化的承诺，而不会在技术转让及其自身的气候治理承诺方面轻易作出让步。只有欧盟和日本明确表示要制定必要目标，将气候变暖的温度维持在 2 ℃以下。当巴西总统卢拉在最后时刻表示将对弱势国家提供资助时，奥巴马因为担心无法在美国开辟内部阵线从而会削弱执政的民主党，发表了空洞的演说，表达了更倾向于对这一问题持反对态度的主张。中国则完全不同意由国际监控系统监督其排放，因为预计直至2020年只能在气候方面维持现状，已经实实在在地看到了协定失败的可能。而对于那些最为脆弱的国家如非洲国家等，他们对《哥本哈根协定》存在严重的意见分歧，还在踌躇不决是否作出妥协——因为即使他们作出妥协，也会不利于本国利益，或者有损于发展中国家之间的团结，使其与新兴发展中国家区分开来。

《巴黎协定》与《哥本哈根协定》有何区别？

在所遭遇的问题与《哥本哈根协定》基本相同的情况下，为何 2015 年巴黎气候变化大会更有机会达成协定？我们能够从 2009 年气候变化大会汲取哪些教训？

第一个不同点，是谈判代表制定新协定所拥有的时间。《哥本哈根协定》的谈判从 2007 年末至 2009 年末只进行了两年，在关于贫富国家分化、公平公正和筹措资金等重大问题上无法深入探讨。巴黎大会则早在 2011 年就在德班制定了谈判期限，让谈判代表在四年的时间里不断考虑自身立场，避免在最后一分钟仓促解决问题。

事先已有了解的努力和承诺

时值 2013 年第 19 届联合国气候大会在华沙召开之际，谈判代表们认同各国在通过协定之前，如有可能，在 2015 年初公布减排目标的想法。而在哥本哈根大会期间，一直等到谈判即将结束的前几天才得知一些国家所承诺的数据。这加重了各国之间的相互猜疑，它们相互指责对方做得不够。当科研人员将这些承诺一点一点地累积在一起时，很明显将让我们迎来全球气温升高 4 ℃的结果。然而，此时再制定纠正机制，为时已晚。

从 2015 年 3 月起，中国、美国和欧盟作为三大碳排放"巨头"在其"国家贡献"（谈判行话中的"INDC"，即"国家自主贡献"）中对承诺数据给出了明确说明。如今，全球排放量超过 80% 在承诺中得到兑现，140 多个国家公布了它们至 2030 年的气候战略方案。这一新气象让人看到达成一致协定的可能，这也是全球大多数国家翘首以盼的。然而，这也需要留出时间给国际公众舆论和决策者。让决策者有时间去分析每一项承诺所包含的内容，以及为实现这一雄心壮志需制定的机制提出建议。除了各国有可能提出的补充承诺，最重要的是《巴黎协定》应该事先规定每五年定期复核的条款，以便每个国家能够逐步提升承诺。这也是能够真正实现将全球气温升高控制在 2℃左右的条件之一。

对于《巴黎协定》而言，这一积极势头是难得的机会。它来自中国和美国态度的转变，因为这两个国家希望在此次谈判中成为提议的主力军。与哥本哈根大会上这两国未能积极作出承诺而备受指责的情况截然不同，中国和美国如今达成了身先士卒、承担起一部分责任的共识——也许是不希望受强行规定的谈判议程钳制。然而，其他国家却选择了相反的道路，即在哥本哈根大会上积极上进，在巴黎大会上却有所保留。例如，日本就是这样的情况。

更为务实的谈判代表

谈判代表们从哥本哈根大会上汲取了深刻教训，尤其是如果不考虑某些国家的内部制约因素，那么《巴黎协定》无异于空想。尽管是出于不同的理由，但美国和其他温室气体排放国家都反对建立有可能干涉国家主权的制裁机制。遵循实用主义，谈判代表在讨论新协定的司法形式时接纳了这些参考因素。

新兴国家甚至也被纳入共同承担气候变化责任的资助国家行列。中国将加强关于气候的南南合作，但拒绝将其提供的资金视作划拨给南北合作的资金，因为这能够令其保持新兴国家的身份，避免遵守适用于经济合作与发展组织（OCDE）国家的相关规定。谈判代表们由此采纳了此类数据，并着重于关注差异化选项列表而非统一机制。

此外，这也是相对于哥本哈根大会的一项创新，所有非国家性质的参与者，尤其是本土企业和团体，似乎对此更为投入。尤其是金融领域的企业和团体，在哥本哈根大会筹办过程中大部分难觅踪迹，而如今也作出了承诺。

轮值主席国法国的拿手好牌

值得乐观的最后一个理由,是作为轮值主席国的法国,拥有之前丹麦无法企及的胜券。法国可以直接对七国集团(G7)、国际货币基金组织(FMI)和二十国集团(G20)施加压力,而未参加上述组织的丹麦只能倚靠外交关系较好的美国,这势必影响轮值主席国必须保持的制衡原则。担任轮值主席的法国,其制胜的关键在于能够在遵守联合国进程及其谈判规则(包括正式规定)与更改条款所必需的政治领导力之间达到完美平衡。

巴黎大会将获得怎样的"成功"?

哥本哈根大会之所以被视为败局,是因为未能达成任何正式协定。很难想象,如果巴黎大会不能出台一份获得所有国家认可的协定,怎么会被视为成功之举。因此,轮值主席国法国的最低承诺,是能够达成延续《京都议定书》的"第一份关于气候的国际统一协定"。这也是以中国和美国为首的所有重要发起国所作的承诺的一部分。

真正的一致协定

巴黎大会成功的首要关键,是协定的一致性。换言之,是能够引导所有主要的温室气体排放国家从现在起至21世纪末踏上碳中和之路。如果巴黎大会能够消除新兴国家和工业化国家之间的谈判所存在的人为屏障,积极推动共同责任差异化原则,以便每个碳排放大国能够根据其过去、现在及未来的责任水平作出行动承诺,那么此次巴黎大会将是一次重大进步。

如果中国和美国能够根据其双边承诺同意达成协定，那么许多国家也将对此信服。加拿大正在犹豫是否跟随其邻国美国的道路，澳大利亚保守党政府明确表示对气候变化持质疑态度，而占全球碳排放5%的俄罗斯如今在国际舞台上所采取的政治手段与多边主义相去甚远。巴黎大会所面临的首要挑战，是使各国作出的承诺涵盖全球所有的碳排放。当然，会有很多利害关系可能扰乱有关气候变化的讨论，因此气候大会的结局并不明朗。

"纯政治"和地缘政治中的未知因素

根据"一致同意"的联合国规则，只要有一个国家提出异议，就可能导致协定无法出台。但是，"一致同意"并非"一致通过"，如果提出异议的国家被孤立，那么协定还是有可能获得批准。2010年坎昆会议上就是如此，尽管玻利维亚投了反对票。2012年的多哈会议也是同样的情况，担任轮值主席的卡塔尔以叹为观止的方式忽略了俄罗斯谈判代表对最终文本提出的反对意见。但是，卡塔尔确实是俄罗斯在天然气市场中的主要竞争对手。巴黎大会上又会发生什么事呢？

为了团结最弱势的国家，《巴黎协定》必须以可信的方式重新回归到令全球气温升高控制在2℃左右的道路上来。然而，各国目前所作的承诺累计起来显然是不够的——2015年10月1日，气候行动追踪组织（Climate Action Tracker）估计气温升高了约 2.7℃，因此必须提供令人信服的证据以避免出现哥本哈根大会的情况。在哥本哈根大会上，北半球国家领导人的建议因不够大胆而未获考虑。这意味着最好能制定一个法律框架，让各国有义务提交新承诺，始终保持更为积极的态度，最好是每五年由类似"气候审计法院"的机构对此进行审核。这可以通过将联合国协定与由除了 195 个国家之外的团体、企业等规模更大的整体，例如之前的"2℃联盟"（Alliance des 2℃）所作出的承诺相结合来实现。

如果在哥本哈根大会召开六年后，工业化国家无法向最贫困国家表明他们如何如期兑现关于 1000 亿美元公共和私人出资的承诺，这些贫困国家是否会同意签署一项协定？非洲国家，尤其是非洲法语国家领导人，是否将倾向于达成妥协，因为法国正在参与非洲大陆的"反恐战斗"？或者与之相反，这些非洲国家是否将利用法国与非洲之间在历史与地理上的密切关系，进一步让世界听到它们的呼声？实际上，与气候相关的纯政治和地缘政治未知因素如此之多，它们都会在 2015 年 12 月进行表决的日子里起到决定性作用。

是原动力，还是空壳？

可以看到，对《巴黎协定》作出的评价既是以一些人尽皆知之事（无论协定出台与否）为基础的，更是以解读的方式表达出来的：协定是否能够在发起原动力的同时，制定可供在此后作出更大胆承诺的框架?或者对于科学要求而言,只是一个空壳,或又一次错失良机?在气候谈判这场没有硝烟的战役之后,各国又迎来了新的战役:沟通宣传之战。

《巴黎协定》是否具有"强制性约束力"？

2011年，各国在德班达成了协议，一致认可2015年的协定将是"一份议定书，另一种法律工具或拥有法律效力的普通协定的约定文本，适用于所有各方"。这意味着，在并未预知巴黎所达成的协议的法律形式的情况下，其法律范围应该是"强制性"的。然而，一份国际层面的"强制性"承诺将意味着什么？

《京都议定书》的强制手段宣告失败

从气候国际法来讲，签署于1997年的《京都议定书》就是一份"强制性"文本。它甚至还考虑到了一个"检察监督"机制，这是一个理论上拥有权力对不履行承诺的国家进行处罚的名副其实的气候法庭。然而，与所有国际公约一样，只有各国在政治层面上接受《京都议定书》的惩罚，它才具有强制性约束力。实际上，《京都议定书》却完全不是这样。因此，日本宣布于2010年退出议定书，并且在2011年发生福岛核泄漏事故后,没有续签《京都议定书》第二期承诺。日本没有遭受任何惩罚。加拿大更过分。由于可造成严重污染的非传统石油开采飞速发展而导致其显然无法遵守承诺,加拿大于 2011 年宣告退出《京都议定书》。

我们在气候方面所拥有的法律体制,远非像世界贸易组织(OMC)那样拥有实际权力——这是一个即使作出不利于某国的裁决,也能获得各国同意的"争端解决机构"(ORD)。在现今的国际关系中,推出世界贸易组织这一类组织的政治和经济代价,远高于宣告气候承诺作废。

《巴黎协定》中采用什么类型的法律约束?

尽管如此,最弱势国家还是希望《巴黎协定》是一份具有强制性约束力的法律议定书,以确保主要温室气体排放国家能够遵守其承诺。大部分具有法律约束力的国际协定必须获得各成员国议会的批准,这意味着需要得到由共和党人占多数的美国国会的批准,而共和党人则一直对气候持怀疑态度。因此,这样一份议定书很可能没有任何机会能在美国获得批准,而这又为中国退出协定提供了决定性的论据。巴黎大会的结果也就不太可能是一份"具有强制性约束力的共同协定"。

然而,还存在着诸多可能,因为协定不能只是一份昙花一现的单纯政治宣言,更应对所作承诺的效应进行追踪跟进。

因此，各国关于减排承诺的数字可以不是强制性的（与《京都议定书》相反），而是遵照与方式和结果透明相关的简单规定，但这些方式和结果可能是强制性的。所有的这一切能够促成建立一个真正的监管机制，即使这一机制没有处罚权，也值得各国在相互信任的基础上让一切明朗化。

因此，巴黎大会的关键，在于近乎建立某种形式的"气候审计法庭"，如同法国一些机构一样。这种机构不拥有处罚权，但有权公开一些令成员国不快的信息，成员国的竞争对手、合作伙伴、非政府组织或媒体都可以利用这些信息，让其接受民众的监督。最终有朝一日能让各国对气候和实现自由交换所作出的努力实现对等！

如何制定公平公正的协定？

富裕国家要对气候变化负责。这是我们大体上从全球范围内温室气体排放数据推断而出的结论。1992年，20%的世界人口——经济合作与发展组织国家——要对超过50%的温室气体排放和自工业革命以来累积在大气中超过75%的排放负责。发展中国家理所当然地认为，工业化国家在气候失常上负有历史责任。尽管在过去确实如此，但当我们展望未来，这种对世界的划分已不再一如既往。新兴国家正在向"发达"国家转变，必须自觉承担起直接解决自身国内不平等情况的责任。中国、巴西或墨西哥不再是发展中国家，但印度尚有4亿人口用不上电，因此将其划入"新兴国家"。

有所区别的共同责任

当人们看到很难让各国对是否公平公正达成共识，可以想象这显然无法达成一项国际协定像施魔法般地分配各国各自的责任。比如，富裕国家直至20世纪80年代才意识到碳排放对气候造成的影响，在这种情况下认定这些国家需要对1850年以来的碳排放负责是否合适？是的，正如一些人所说，一吨二氧化碳就是一吨二氧化碳。而另外一些人则表示，不能对所有人皆不知其存在的事物负责。我们很快就可以看到这会引发怎样激烈的争论。

公正无法通过数据加以解释，但它自谈判之初就已存在。从1992年起，这一概念通过采取"有所区别的共同责任和各自能力"原则（谈判术语为"CBDR-RC"）加以诠释。这一原则至关重要，因为它认为全世界都必须对气候采取行动，但承诺的水平取决于温室气体排放的责任程度和经济能力。

尽管还没有任何国家重新探讨《气候协约》的这一基本原则，但在巴黎大会上，将决定在2020年之后实施这一原则。《京都议定书》成功实现了富裕国家和其他国家之间的分化。一些新兴国家拥有强大的经济和金融能力，并在几年内成为位居世界前列的温室气体排放大国，但却仍旧很难想象它们会作出与工业化国家类似的行动承诺。当今的国际形势已与20世纪90年代截然不同，因此《巴黎协定》为现今世界各国分配任务的方式，才是其成败的关键。2014年11月中美协定的重大突破，已经为全新的分化方式奠定了基础，不再将各国在1990年达到的发展水平作为唯一的参考。正在不断发展的新兴国家，将作出更有雄心壮志的承诺。

绿色技术的普及应用

除了承诺分化之外，公平公正也需要依靠富裕国家向贫困国家提供资金。正是出于这一原因，关于公平公正的争论与关于出资的争论密不可分。因此，在巴黎大会上，必须为最贫穷国家规定附加的公共资金。以公平公正之名，最受气候不正常影响的国家要求由历史上应该对全球变暖负责的国家支付赔偿，他们称之为"损失和损害"。

非常拥护"公平"协定的印度，发展了"平等获取可持续发展"的理念。根据这一理念，低碳的资产和服务的普及，是建立无碳无贫困世界的最佳方式。也就是，拥有廉价的可再生能源与价格合理的知识产权，所有人（或几乎所有人）都是赢家。这就将关于公平公正的争论与关于知识产权和能力转移的争论联系在一起，让南半球国家能够以支付较少的费用使用绿色技术，比如某些药品。

富裕国家是否会向最贫困国家如期兑现诺言？

2009 年，在哥本哈根峰会上，富裕国家曾力图能够在 2020 年为贫困国家调动 1000 亿美元，这笔款项来自公共和私人基金。如今情况如何？2015 年开始逐步制定方法和共同原则，用于决定在这 1000 亿美元的使用中所需考虑的问题。同年 10 月初，经济合作与发展组织评估了相关款项 620 亿美元。现在需要看北半球国家和发展银行怎样如期兑现诺言，因为如果它们在 2020 年之前一直不知道如何遵守承诺，它们就很难在 2020 年之后签署协定！

极具政治特色的模式

最初对 1000 亿美元的限定并不是很明确。所提供的资金可以是"公共和民间"资金，如有必要，既可以来自创新融资，例如交易税（TTF），也可以来自公共发展援助（APD）。然而，法国等大部分国家并没有履行自身义务，将其国民生产总值的 0.7% 投入到南半球国家的脱贫中去。发展中国家认为，1000 亿美元应是在公共发展援助的基础上追加。与此相反，北半球国家往往只想重新利用公共发展援助，为其披上绿色的外衣。开展一场对牛弹琴的南北对话或者达成妥协的条件，其实已经成熟。的确，我们需要新的资金资助来应对气候变化产生的开支。此外，要提高发展政策中用于应对气候变化的部分，尤其是用于资助城市、交通、能源等方面的援助部分。

关于民间资金流，则开始成为政治协定的对象。这一理念是由世界资源研究所于 2015 年 5 月发展的[①]，随后由经济合作与发展组织于同年 10 月采用，旨在清点由公共资本以担保或补充捐赠形式引导的民间资本流——如果没有公共资本的引导，这些民间资本不会投向气候相关领域。

交易税的重要性

气候大会看起来有如此多属于技术性范畴的主题，其实它们是极具政治特色的。巴黎大会的一大挑战将是达成一项如何

[①]《达到 1000 亿美元：气候融资方案及对 2020 年预期》(*Getting to $ 100 Billion: Climate Finance Scenarios and Projections to 2020*)，世界资源研究所（WRI），2015 年 6 月。

确保兑现承诺的协定，并为2020年兑现1000亿美元[①]援助承诺赢得共同认可。在这一过程中，哥本哈根大会开创的针对气候的绿色基金首次筹集工作已获得成功。事实上，据2014年末公布的数据，这笔基金如今已可投入使用，四年来共筹集了100亿美元（折合每年25亿）。现在要做的就是从620亿增长至1000亿，其中包括100亿绿色基金。最为重要的是，德国、法国和英国宣布，从现在起至2020年努力提供总数为65亿美元的资金。现在，其他捐赠国如日本和美国，正在承受压力。

  在这笔价值1000亿的款项中，对贫困国家来说，用于适应气候变化的部分至关重要，因为它们是气候变化的首批受害者。然而，适应气候变化主要是由捐款提供资金，这部分资金如今只占气候款项的约20%。《联合国气候变化框架公约》第二十一届缔约方大会（COP21）所获的最大成功，就在交易税方面。据并未明确提及左派解决方案的欧盟委员会表示，它将提供350亿美元的年度税收。即使这只是用于为绿色基金提供资金的部分税收，欧洲已经通过向其金融行业寻求帮助，成功地向最贫困国家和最弱势国家如期兑现了承诺。但是，为了这样的机制能够得以正式出台，还需要真正的政治意愿。这将是轮值主席国法国所面临的大考验之一。

---

  ① 本书原文为"1000亿欧元"，但结合上下文应为"1000亿美元"。——译者注

2020 年后怎么办？

巴黎大会所面临的将是 2020 年之后的问题。比如，是否应该提出新数据，就像到 2030 年筹集 2000 亿美元这样的规划。距离缔约方大会（COP）召开只有几个星期了，看来不太可能作出这样的承诺，因为北半球国家和南半球国家都不希望重新踏上这条道路。但是，某些国家提出，以特殊款项补贴最弱势国家适应气候变化开支的目标。

此外，《联合国气候变化框架公约》第二十一届缔约方大会所面临的挑战，则是出台能够将石化经济投资大幅转移至低碳经济的新规则。

地方政府担负什么责任?

在正式谈判中,地方政府(与所有企业一样)不过是旁观者,联合国只允许国家之间的谈判。然而,70%的温室气体排放发生在城市中。这些地方政府手中拥有的投资,仅是其半数就足以让我们在应对气候变化的同时,以负责任的态度安排我们的生活方式。

全世界的地方民选代表才能决定是否发展公共交通、城市供暖网络、所有学校的划分、公共市场上的环保条款,等等。当然,地方性活动必将融入国家框架,乃至我们所关心的欧盟框架。这一框架有可能鼓励或限制这些活动。比如,在农业方面,地方政府用于支持有机农业发展的资助与欧盟农业政策相比是微不足道的。地方政府更倾向于单独向其公共机构而非国家或欧洲投资银行寻求帮助,从而实现融资安排。

地方层面：采取行动的好标尺

集权国家和联邦国家中的地方政府，拥有截然不同的权力。因此，如果美国加利福尼亚州独立的话，它将在世界经济中排名第 12 位。加州建立了世界上独一无二的碳交易市场和规章制度，能够鼓励能源生产商降低家庭能耗，从而实现更多收益。许多在气候方面不太积极的国家，反而是地方政府、联邦州站在了最前沿。加拿大的魁北克就是如此。虽然美国在联邦政府层面始终对制定碳价格持反对态度，但它的许多联邦州已经与魁北克联合建立了统一的碳市场。

地方政府也是检测政策的好标尺。比如，在中国，2017 年全国推广碳市场之前，就是首先在东南地区试行的。

全世界的地方政府都通过特定承诺并借助自身网络行动起来。利马、慕尼黑或西雅图等许多城市已经宣布了供应能源要 100% 以可再生能源为基础的目标。北京于 2015 年 9 月宣布计划从 2020 年开始降低二氧化碳排放，即比中国所制定的总体目标提前了 10 年。巴黎市长安娜·伊达尔戈（Anne Hidalgo）联合了一些欧洲大城市，通过订购使用清洁能源的巴士和卡车来推动运输企业创新。在缔约方大会于巴黎召开期间，有上千名市长获邀作出新的承诺。

更为进步的地方代表

地方政府所作出的气候行动承诺，引发了新的问题。如何在国家责任中考虑纳入这些承诺？如果一个城市或一个地区宣布减排目标，是否要将其纳入所属国家作出的承诺？

如果地方代表在气候问题上普遍比政府更为积极，这是因为它们最先切身感受到气候变化的影响。应当由纽约市长来直接管理桑迪飓风造成的后果，也应当由圣保罗的市长来应对威胁市民供水的历史性干旱。达卡地区代表制订了首个非洲地区的气候计划，但如果政府在该地区建立两个大型煤炭发电厂，这一计划就会宣告破产。在巴黎，地方代表也将在全球协定中发挥自己的作用。

公民将扮演什么角色？

随着巴黎大会的召开，法国首都有可能看到前所未有的应对气候变化的公民大游行。这确实是继 2014 年 9 月由于当年气温创下历史新高，40 万人在纽约中央公园集会打破纪录之后的又一个大胆但并非无法实现的目标。这也是有必要的，当年那些纽约游行者的呼声就为联合国秘书长潘基文发起的气候峰会圆满结束作出过重大贡献。

当然，公民的作用不只是在马路上大步快走！他们的首要责任是对政府施加压力，督促其树立尽可能高的雄心壮志。比如，在南美，许多国家致力于与民间团体展开商讨，正是它们对达到这一目标作出过贡献。在中国，各个城市中反对空气污染的动员行动促使政府进一步有所作为。在民主国家，来自公民的最大压力是不选举对气候变化持怀疑态度的多数派执政党，就如 2013 年澳大利亚保守党人托尼·阿博特

（Tony Abbotte）[①]上台执政时的情况。公开对气候变化持质疑态度的英国独立党在英国上台执政，也给在2010年意图积极组建"英国历史上最绿色环保政府"的大卫·卡梅伦（David Cameron）浇了一头冷水。

转变我们的生活方式

应对气候变化的斗争要在税收、工业、创新、能源等方面依靠公共政策，也要依靠我们在生活方式上的转变。但是，这些变化如今在联合国的范畴内还无法"进行谈判"。195个国家进行的所有关于协定的谈判中，涉及消费者的部分仅限于优先享受绿色产品、品尝本地产品和减少肉类的摄入量。这既属于我们每个人的个人责任，也是赋予支持这些选项的多数派执政党权力的民主选择。

在未来的整整一年里，我们可以围绕阿尔代那缇巴（Alternatiba）行动起来——这个网络已经在法国各地举办了近一百二十次公众会议并建立了上百个"新型村庄"——提出具体的可行方案，在不降低生活品质的同时"换一种生活方式"。2015年9月底，6万人在巴黎共和广场利

[①] 过去，托尼·阿博特将全球变暖称作"绝对的荒谬"。由于2014年9月23日发生了抵制纽约联合国气候峰会的活动，他在2015年9月成为党派中的少数派，并辞去了总理职务。

用周末集会，针对这些替代方案进行交流。保护农民农业协会（Amap）、碳补偿、通过法国能源合作社安能库柏（Enercoop）为家里选择可再生能源——现在又有了许多可供我们选择的解决方案。

非政府组织的行动

在民主国家，公民还通过有组织的民间团体，尤其是非政府组织表达意见。在法国，为了筹备巴黎大会并对其结果施加压力，他们在汇集了来自37个国家的135个组织的"21气候联盟"（Coalition 21）齐聚一堂。这一点至关重要，因为它在诸如全球化组织阿塔克（Attac）、世界自然基金会（WWF）等截然不同的组织之间创造了一种共有文化，或者最低限度上提供了一个共有平台。这也是让乐施会（Oxfam）、天主教防止饥饿促进发展委员会（CCFD – Terre Solidaire）等主要致力于全世界团结一致的发展领域非政府组织和首先强调气候保护的非政府环保组织加强联系的大好时机。一切问题都围绕着气候司法权，以及富裕国家进一步援助最贫困和最弱势国家应对气候变化的必要性展开。这些社会团体是对"气候行动网络"（RAC-Reseau Action Climat）的补充，"气候行动网络"联合了超过90个国家的700家非政府组织，以非常有技巧的方式密切关注谈判，试图从内部对其施加影响。

公民可以通过各种不同形式参与《联合国气候变化框架公约》第 21 届缔约方大会。无论您选择什么方式，都应该致力于让巴黎大会获得振奋人心的成果。

4

经济

2070年的碳中和经济意味着什么？

要终结温室气体排放！根据政府间气候变化专家委员会的观点，如果我们希望控制全球气温变暖在2℃以内，就要靠我们手中的契约。因此，在发达国家，我们必须在2050年至2070年之间解决碳排放问题，以免引起气候紊乱，并且在21世纪末之前在全球范围内解决这一问题。那么，这具体意味着什么呢？如何能想象我们生活中少了随处可见的碳排放呢？我们因此需要建立一个与目前生活截然不同的世界，一个无碳的世界。

无碳生活

碳中和并非发生在科幻小说中。它已在拥有"正能源"的住宅建筑中付诸实践，这种建筑的能源产出大于消耗[1]。如

---

[1] 比如，一些建筑的光伏所收集的太阳能，大于其日常运行所使用的电力。——译者注

果它们也采用碳中性燃料——例如木材，我们就已经进入了未来。如今，在德国，超过50%的可再生能源生产由个人或农民负责，而在巴塞罗那，安装太阳能热水装置是必须的。

在交通运输方面，我们对石油的偏爱将更难戒除。我们的出行基本上依靠这种能源，大大限制了如今必须通过电能实现的可再生替代品的发展。发展中国家开始投资修建充电桩和电力交通工具，但石油价格下降将令这些对于可再生替代资源的狂热变冷，除非政府考虑出台一项明显有益于城市空气质量的战略性投资。对于气候而言，这种电力最好还是采用可再生能源而非煤炭生产，否则将得不偿失，因为与石油相比，煤炭的污染程度高三倍！因此，如果我们希望保持气温变暖在2℃以内，就必须在发展植物性合成碳氢燃料和生物气体的同时，克制我们远行的渴望。

我们的饮食也可以更接近碳中和。这并不容易，因为肉类和动物来源产品（大量排放二氧化碳，通常还是巴西、非洲或南亚森林砍伐的源头）的消耗在新兴国家不断增长。而这一现象在法国开始逐渐减少，证据就是与之相反的饮食摄取倾向。为了实现碳中和，我们应该强调这样一个事实，即农业是唯一一个有可能产生负排放的经济行业——得益于光合作用，作物能够捕捉二氧化碳，尤其是将其封存在土壤中。这是实现碳中和的最主要途径，但前提是推广源自生态农业的农业生产方式。

碳资源

碳中和既可通过减少碳排放来实现，也可通过开发能够储存已排放的二氧化碳的"碳汇"（puis de carbone）来实现。森林显然就是这样，它很可能是解决气候变化的有力武器。修复全球5亿公顷退化的耕地，通过生态农业、混农林业将其转变为"碳汇"——可以说，森林是让我们赢得时间并让我们有可能改进能源生产模式和出行模式的唯一方式。

目前，碳是一种成本几乎为零的废料，关键是要颠覆经济模式，让其在生产过程中变成有价值的资源。对于化学行业而言，这是一项重大挑战，但并非不可能——在1952年之前，没有人知道如何贮存液氧；而纳粹德国曾经在遭受盟军封锁时，以煤炭为基础生产石油并将战争持续下去。无论如何，化学能够实现大范围改变我们日常生活的突破。因此，它在应对无碳世界的挑战中肩负决定性责任，"碳资源"的目标开始成为大型集团战略性思考的一部分。

《巴黎协定》可以通过将碳中和或"零排放"的目标纳入即将谈判的提案中，还可以建立技术合作平台，并制定在20年内恢复5亿公顷耕地或在2020年前停止毁林的目标，为推动气候事业的进步作出贡献。一个"碳中和"世界是可能实现的！

企业，是气候的敌人还是变化的驱动力？

在只能由国家参与的气候谈判中，企业不只是"旁观者"，它们能起到决定性作用。因为企业通过游说，能够以积极或消极的方式影响其所在国家的立场并推动或阻止承诺。可再生能源、新技术或生物能效行业的一些公司，很大程度上可以在应对气候变化的战争中取胜，而煤炭行业则略逊一筹。不久前，某些石油企业在大型宣传活动中联合起来，目的就是要否认科学证据，以及诋毁气候变化专门委员会的工作。

虽然这种暗中破坏的行为让某些企业不得不保持低调，但也有许多论坛使得那些行动起来应对气候变化的企业汇聚在一起。跨国集团通过"全球契约"（Global Compact）和世界可持续发展工商理事会（WBCSD）等网络平台参与活动，并在这些平台上相互交流好的实践经验。它们还通过有特定目标的联盟积极参与活动。宜家、玛氏公司和雀巢等三十多家企业也作出承诺，到2020年100%使用可再生能源。其他25家企业宣布，将设定足以影响投资决策的高内部碳价格。

在这些企业中，可以看到值得称道的道达尔和法国燃气苏伊士集团（GDF Suez）——它们也值得我们密切关注，确保这些承诺并非空话。66家企业制定了目标，分析将全球气温变化限制在2℃以下的世界对他们意味着什么，并了解自己所拥有的碳预算。联合利华、雀巢等企业致力于最晚到2020年在其棕榈油和大豆油的采购中达到"零净砍伐"，简而言之，就是在其生产链中禁止森林砍伐。

注意"漂绿"

如何评估企业的自愿承诺？企业有可能为了规避国家的法规，用这些自愿行动宣言作挡箭牌。一些企业既支持建立统一碳价的号召，同时也支持布鲁塞尔的游说机构欧企协会（Business Europe）、欧洲的"法国雇主协会"（Medef），以求最大限度地缓解欧洲碳市场，其目的在于建立统一的碳交易价！因此，必须确保这些企业的声明透明度及其执行的前后一致。

为了避免所谓的"漂绿"，参加巴黎大会的各国将制定清晰的框架，以确认企业的承诺并确保企业履行承诺。民间团体的作用也很重要，因为他们曾揭露大众汽车公司在防污染检测中的大规模作弊行为。事实上，这次作弊行为凸显出非政府组织和警告发起人的影响力，以及那些有时会毫不迟疑地违反法律的跨国集团却作出了自愿承诺所可能带来的风险。

非政府组织的立场也各不相同。比如,世界自然基金会是可持续棕榈油圆桌倡议组织(RSPO)的创立成员,旨在推动棕榈油行业反对森林砍伐;绿色和平组织则认为,颁发给生产商的可持续性发展证书,实际上是"森林砍伐证书"。

　　透明度和守约度同样可以通过企业是否同意公开数据来进行评估。这也是碳排放披露计划等倡议活动的意义所在。碳排放披露计划旨在通过分析全球2000家企业的碳排量,来以可信的方式跟踪企业承诺的履行情况。这种实践构建了一个可作为立法依据、可供投资者和公民参考的信息系统。因此,它促成了一项法国新法律的出台,要求那些管理我们储蓄的机构计算并公布其碳足迹。①

　　除了企业巨头,那些社会企业和福利企业也可以发挥重要作用,将生态转型和新的企业发展模式联系起来。平等贸易可以为南半球农民带来更多的收入,从而鼓励他们反对森林砍伐。在丹麦和德国,当地合作社也为可再生能源的发展作出了贡献。德国已实现了上千个类似的合作社项目,并且仅在2012年德国公民就对此投资了50亿欧元,51%的可再生能源生产来自居民。丹麦有超过10万户家庭持有风能发电机的股权。这样的例子在法国乃至世界范围内比比皆是。

---

　　① 这里是指2015年8月通过的《促进绿色发展能源转型法》(*Transition énergétique pour la croissance verte*)第173条。

面对气候问题，大企业的反应与国家各有不同，他们必须承受意识到问题严重性和难于采取行动之间的两难压力。为了解决这一矛盾，立法机构必须制定标准，鼓励并最终在经济上补偿采取行动的企业。因此，由支持气候的政治领导人和支持气候的企业家共同结成联盟，可以超越所有经济或政治领域的保守主义和各种限制。

技术能否拯救气候？

应对气候变化是否意味着重回点蜡烛的时代？恰恰相反，缔造无碳世界的解决方案必须依靠新一轮的创新——有时我们也称之为"第三次工业革命"——尤其是必须依靠绿色经济与信息经济相结合。

但是，即使我们取得了重大的技术进步，要在21世纪末实现碳中和，也必定意味着我们的交通运输方式、住宿方式、饮食方式等方面将发生翻天覆地的变化。我们必须改变我们的行为，并学会克制自己，不再过度消费。

尽管如此，否认过渡时期技术进步的重要性将意味着放弃一项可观的资源。虽说光靠技术不能拯救我们、让我们免遭气候危机，但技术显然能发挥重要作用。首先，现有技术的传播范围将发生变化。现在确实有非常具体的解决方案，但还未获得普及，比如开发照明用的LED、智能电脑等能源管理新工具的运用等。然而，至今人们还在继续安装能耗高10倍以上的卤素灯。问题的关键不在研究，而是在技术普及，这通常需要规定标准。我们已经知道如何为冰箱或灯泡制定标准，但还需要将这些标准普及开来。

在农业方面，为了获得丰厚的生态收益，生态农业必须依靠将已被农用工业遗忘的传统工艺和已掌控的尖端技术相结合。这是将"低科技"（即简单技术）与高科技相结合。

必要的技术突破

如果已有多种技术且只需进行普及，那么，要将石化能源从消费中消除，我们还必须借助技术突破。在我们的能源生产中（不仅仅是电力）达到100%可再生，意味着要找到较为低廉的储存解决方案。许多技术（氢、超高效电池、化学储存）处于相互竞争状态，但如今没有任何一种能够实现大规模的廉价运用。此外，如果我们希望继续乘坐飞机，也许需要开发植物性合成碳氢燃料或者电力飞机。2015年"太阳能驱动"（Solar Impulse）的首次环球飞行，显示我们正处于这一变革的初期阶段。

这些快速进步所要面临的挑战的难度，一如1961年约翰·菲茨杰拉德·肯尼迪决定在10年后让人类登上月球。这本不应是谨小慎微的源头，与此相反，应该有一种冒险精神。可是，绿色能源的研发力量，在经历第一次石油危机之后，如今比20世纪70年代更弱。全球并没有增加大规模投资，反而在努力上有所松懈。然而，我们正面临着一场倒计时赛，气候变化可不会等着我们。

过渡技术

在要推广的现有"清洁"技术和突破性技术之间,还存在着过渡技术。比如,天然气能为发电网带来折中方案。可再生资源产生的电力通常无法以低价储存,而天然气的好处在于可以利用垃圾生产出来,生物气正在迅速发展。

这也是碳捕捉和碳储存所面临的问题。这项技术应用于政府间气候变化专门委员会为了令全球气温变暖控制在2℃之下的所有情形设想之中(因为这能减少碳排放,煤炭是全球最大的电力来源),但还有不少重大问题。比如,泄漏安全和风险;大量的能源消耗;当发电厂位于城市附近时,居民对此的接纳程度;有待发现的经济模式——因为若碳价格至少要每吨60美元,储存就无法盈利。

纯理论上的核聚变技术,在2050年之前都未能在工业水平上得到应用(即使有朝一日能够实现),而以此应对气候问题,到时为时已晚。因此,不会对其进行任何运用。就应对气候变化而言,投资数百亿美元或欧元在相关研究上无异于石沉大海。

提高绿色研究的开销

巴黎大会能够让一些重要的国际合作伙伴加快某些技术的开发。无论是无碳汽车、能源储存还是开发能效技术,都有必要投入前所未有的科研努力。巴黎大会的另一成果可以是关于提高各国研发开支中的"绿色部分"的承诺。要知道，对于哪些是"绿色技术"、哪些不是"绿色技术"的共识，这些国家从未采取过主动！

最后，还有必要分享技术。许多已有的解决方案因经济原因或缺乏技术支持未能得到推广。加州特斯拉电动汽车公司的老板选择在互联网上公开其专利，让所有人拥有一定的技术解决方案，加快向电动汽车过渡——这并非是一项完全大公无私的创举，但实际上确实能够为所有人赢得时间。

应对气候变化，代价太过昂贵吗？

我们曾经多少次地听到过："对，当然有必要应对气候变化，但是缺乏相应的资金"，或者"我是赞成可再生能源的，但是这代价不会太贵吗？"那么，事实是否果真如此呢？2006年，由英国经济学家尼古拉斯·斯特恩署名的报告指出，气候变化会催生剧变，比起投资隔热建筑、公共交通、电动车、可再生能源、智能网络、正能源房屋等领域的高耗费，坐以待毙只会带来更昂贵的代价。

2014年，由墨西哥前总统费利佩·卡尔德隆（Felipe Calderon）主持的《新气候经济报告》再次确认了上述观点。[1] 然而，气候变化带来的所有严重后果并没有得到重视。可以看到，越来越多的地缘政治危机和武装冲突是源于地区性气候严重紊乱，由此加重了贫困或导致被迫迁居，继而产生紧

---

[1] 《新气候经济》（*La Nouvelle Economie climatique*），微晨出版社（Les petits matins），2015年。

张冲突。我们只需要将萨赫勒地区发生冲突的地图和为争取资源（水、可耕地或能源）而产生冲突的地图重叠起来，就立马能发现两者的高度一致。简言之，在气候上有所为的耗费会远远低于毫不作为产生的代价！

另外，可再生能源的价格不断下降。1990年至2004年，一块太阳能板的价格降低了87.5%！如今在南非，甚至不需要国家补助，太阳能的价格已低于新煤厂的价格。根据德意志银行最近的一项报告显示，三年内80%的全球市场将呈现相同的趋势。

那么，石油价格自2014年夏季以来的剧烈下滑会改变市场格局吗？回答是否定的。因为可再生能源是用于发电，石油并无此用途或极少用在这个领域。相反，石油价格的下跌经常会同时导致天然气价格下跌，因此事实上会削弱煤炭和非常规油的经济效益，而后者对环境带来的负面影响是最大的，远远超越其他能源。当然，电动车会受到燃料价格飞速下滑的负面影响，但是电动车（条件是使用的清洁能源发电）能带来其他裨益，如改善空气质量、提高地缘政治独立性，因此依然拥有相当的投资。

支出更多？不，更合理地支出

事实上，"国库空虚"的说法会让人以为主要投资应当由公共资金来担负。然而，恰恰相反，即使公共资金确实对支持创新和社会互助不可或缺，需要动员的主要投资来源实际上却在私营领域。私人资金目前大量投资在金融市场，而非投资在"绿色"产业。另一方面，今天全球对石化能源的公共补贴，比起对绿色能源的公共补贴要高出6~10倍。这意味着有许多能拿来应对气候变化的资金，完全不需要额外支出，只是需要更合理地支出。

世界银行支持先驱国家，如印度尼西亚和摩洛哥，他们都致力于降低这些公共补贴，同时建立社会安全网，以保障最贫穷人口不受这种转型的负累。发达国家则是纷纷讨论他们是否应该减少对于煤厂出口的补助。奥巴马在朝这个方向努力，英国、法国也先后加入其中，但德国和日本还没有参与进来。

为了动用和重新引导资本及投资，还有一整套尚未实施过的措施可以供公共权力使用。比如，中央银行对发放绿色贷款的商业银行、欧洲投资银行等国有银行提供资金支持。我们今天看到的是一个巨大的反常现象（其实是荒唐无比的现象）：央行的政策使得金融市场资金充裕，但是能源转型时期的投资需求却没有得到满足。因此，建立这样的桥梁，无论对于气候还是就业，都是一项紧急任务！

应对气候变化，意味着为私营领域确定游戏规则，为公共资金的使用作出选择。正如法国政治家皮埃尔·孟戴斯-弗朗斯所言，"治理，即选择"。

金融能为气候服务吗？

气候金融这一概念，通常被简要概括为有关碳市场和与最弱势国家的互助机制问题。然而，其所涉及的根本问题远不止这些。

首先，要重新引导世界经济及金融朝着符合2℃气候目标的经济模式发展。如果说《新气候经济报告》确实指出筹备过渡阶段所需的资金不会超过气候紊乱造成的代价，那么，还有必要改变资金的投资方向吗？这些资金一直被大规模地投入与气候目标不协调的经济模式中。这正是由非政府环境组织350.org在全球范围内倡导的从石化能源领域"撤资"行动的目标，愈来愈多的学生团体参与其中，尤其是来自那些在金融市场拥有充裕资金的英国高校。美国的斯坦福大学、英国的格拉斯哥大学已决定今后撤回对石化能源的投资。洛克菲勒慈善基金会亦作出决定，宣布将逐步从煤炭、石油等传统能源领域的企业撤股。这是非常有象征意义的举措，因为洛克菲勒家族正是靠着在美国开采石油发家的。大规模的撤资行动能带来双重效应，一方面牵制旧能源领域的企业（通过拉低其股价），另一方面释放资金以投向符合气候目标的经济中去。2015年10月，资产管理公司作出撤资承诺的资本总额达2.6万亿美元。可以看出，这一行动虽然参与者尚少[1]，但势头正在增长。

从传统能源撤资，为过渡时期提供资金支持

不过，卖出道达尔股票随即买入家乐福股票，并不会为过渡时期带来额外资金。因此，需要同时构建专用于过渡时期筹资的金融产品。例如，为可再生能源或能效项目筹资的"绿色债券"市场从2013年的110亿美元攀升至2015年6月的659亿美元[2]。这个工具只占到债券市场的几个百分点，但它给有意于绿色项目融资的投资者提供了渠道。当然，这种做法有一个前提，即建立相应的追踪机制并保证有效执行。

---

[1] 参见尼古拉·哈瑞杰（Nicolas Haeriger）：《零石化：减投煤炭、天然气和石油以拯救气候》（*Zéro fossile. Désinvestir du charbon, du gaz et du pétrole pour sauver le climat*），微晨出版社（Les Petits matins），2015年。

[2]《债券和气候变化，2015年市场报告》（*Bonds and Climate Change. The State of the Market in 2015*），气候债券组织（Climate Bonds Initiative），2015年7月。

许多非政府组织如世界环境基金会①致力于这项核查工作。

在法国，信托投资局对于构建"绿色资产"起到至关重要的作用。正如在 1950 至 1960 年间的领土整治时期，以及在社会福利住房政策中扮演关键角色一样，该机构今天可以在运输电能的智能电网、可再生能源的分散式经营、可持续发展城市、建筑隔热等领域的融资中发挥同样的作用。这种朝气与活力正在蓬勃发展，但与法国在隔热住房或可再生能源方面设定的目标相比仍显得太有限。

加强气候风险认识

养老基金、银行、保险公司等机构在作出决策时需要加强考量气候变化带来的风险。各机构已开始在这方面作出承诺。在 2014 年 9 月召开的纽约气候峰会上，一些养老基金宣布将逐渐使其资产"去碳化"，并且每年核查降低数量。这项承诺会涉及 2015 年底前的 1000 亿美元养老基金。一些国家开始将气候问题纳入他们强加给银行和保险公司的规定中。英格兰银行在 2014 年要求所有在英国运营的保险公司阐明其

---

① 《为何需要绿色债券？绿色债券框架和可持续发展等级》（*Why Green Bonds? Green Bond frameworks & Sustainability Gradings*），第四届全球基础设施巴塞尔峰会（The 4th Global Infrastructure Basel Summit）、世界自然基金会（WWF），2014 年。

如何测量客户所面临的气候风险。巴西央行在 2014 年制定了新规，要求所有银行必须完善评估他们所投资的项目的社会与环境风险。①

转变思维模式

所有上述举措还没有受到足够的关注，而且它们远不足以撼动当前主导的经济模式。尽管如此，金融行业在哥本哈根大会之前没有作出任何重要承诺，如今却承受了巨大压力。这并非出于慷慨，而是气候变化所带来的影响加剧，迫使其必须行动起来。三年前，在欧洲议会有关评级机构指令的谈判中，绿党人士提议欧盟应强制要求评级机构将气候风险纳入评级体系，然而这一提议石沉大海。三年后，评级机构的领头羊标准普尔（Standard and Poor's）自愿朝这个方向开展工作。关于气候的思维模式已然转变。

---

① 参见《未来的金融市场》（*Le marché financier à venir*），联合国环境规划署调研组（Unep Inquiry），2015 年 5 月。

达成一个全球统一的碳价?

如果问美国前财政部部长、投资银行高盛集团前主席亨利·保尔森(Henry Paulson)和法国经济学家托马斯·皮凯蒂(Thomas Piketty)是否可以就哪个问题达成共识?答案是可以,即针对确立碳价格的必要性问题。对于这一点,无论是自由主义的还是凯恩斯主义的经济学家们,都非常赞成。

国际货币基金组织、世界银行以及经济合作与发展组织,都在这方面提出了诸多建议。越来越多的国家通过税收、市场或规章制度三种途径建立了碳价格体系。十年前,欧洲是全球唯一一个率先试图通过碳市场实行"谁污染,谁支付"原则的地区。如今,据《新气候经济报告》显示,40个国家已经设立碳税或是碳市场。中国已经在六个省级单位开展排污权交易制度试点,并计划于2017年推广至全国。中国开始加强对煤炭质量标准的管理,事实上也等于抬高了澳大利亚劣质煤的碳排放价格。在拉丁美洲,智利和墨西哥两国最近颁布了碳排放税。法国在2013年设立了气候能源税。

情况正在发生转变，但是还不够迅速，不足以对经济模式产生有效影响，因为碳排放的定价依然过低。最有代表性的例子当然是欧洲碳排放交易市场（ETS）。自2005年成立以来，该市场并没有发挥应有的作用，二氧化碳每吨价格仅为5~10欧元。而这个价格需要达到每吨约30欧元，才能引导投资改变方向。经济危机时期由于碳排放减少，大幅削弱了欧洲工业对购买碳排放权的需求。各国政府拒绝发挥作用，他们给企业发放的碳排放配额高于其所需，以至于企业不再有投资绿色技术的兴趣。由于供大于求，我们很快面临"排污权"市场几近崩溃的局面。目前欧洲正在进行的改革，欲将一部分超额配权储备起来，以抬高碳交易价，但是最快也要到2017年才能见效，而欧洲右派与企业主游说集团甚至要求将改革推迟至2021年！

排除阻碍

虽然学术界对制定碳价格已达成共识，但实际上面临着两股阻力。第一个阻碍来自污染最严重的企业。他们的论调很简单：如果碳价格上涨，我就迁走。不过，许多研究表明，只有水泥等少数行业的经营模式会真正遭到质疑[①]。但是，这

---

① 《概览：碳渗漏缺乏证据》（*Briefing: the Lack of Evidence for Carbon Leakage*），气候行动网络（Climate Action Network），2014年2月。

一主张成立的前提是欧洲的竞争对手尚未实行同样的碳排放交易体系。不过，中国已经推行了碳交易市场，那里的碳价格与欧洲持平，有时甚至更高！最后，对进出口贸易的补偿机制——许多专家表示这符合世界贸易组织的现行规则[①]——能在短期内消除对相关企业的竞争力所造成的负面影响。别忘了碳市场针对的目标是不能外迁的电力市场。试想如何能在中国生产法国巴黎大区需要的用电呢！

第二个阻碍来自社会层面。全球依然有部分政治首脑认为提高碳排放税是有悖于重新分配原则的。然而，这项碳税收入刚好可以用来帮助普通家庭减轻负担。例如，发放绿色支票减轻他们的能源消费、给予优惠让他们购买清洁汽车、给予他们安装双层玻璃或更换油箱的补助，等等。

巴黎气候大会为这一问题提供了重新洗牌的契机。我们可以想象若干国家可以联合起来组成一个志愿联盟，从而在各自的经济体内提高碳交易价。另一个制定碳价的方法是削减或取消对石化能源的补助，因为这从经济角度看是一种降价行为。新一届印度尼西亚政府，以及印度总理纳伦德拉·莫

[①]《活跃的经济，碳税收与整顿预算：论碳定价对降低欧洲财政赤字的可能性》（ *Economie dynamique: taxation du carbone et assainissement budgétaire: le potentiel d'une tarification du carbone pour réduire les déficits budgétaires européens* ），欧洲气候基金会/欧洲绿色财政组织（Europe Climate Foundation/Green Budget Europe），2012年。

迪（Narendra Modi）正是这么做的。他们宣布将翻倍征收碳排放税，将一部分收入用来投资可再生能源。

碳价格是一项通过国际合作能帮助加速国家行动的议题。巴黎大会在此项问题上达成的协议，将是衡量此次峰会成功与否的重要因素。

5

结论

2050年，我们将如何生活？

1930年，全世界有20亿人口，全球的年碳排量达1.3千兆吨，即人均0.65吨。如果要维持全球气温升高不超过2℃，这差不多是法国应当在2050年至2070年重新回归的碳排水平。排放半吨二氧化碳，相当于生产了250块牛排、巴黎至巴塞罗那乘飞机往返一次或者小型汽车行驶7000公里。在一个气温升高2℃的世界，将会没有易捷航空（EasyJet）、没有麦当劳，也没有道达尔（Total）吗？我们将无法想象在地球上的日常生活，到时我们将不得不在吃肉与出行之间做出抉择。

2050年，地球上的总人口将达到90亿左右。无论从社会、政治，还是经济角度，都不可能退回到20世纪30年代的生活。当时超过50%的人口从事农业活动，法国人的人均寿命大约为50岁，出行仍然是属于精英阶层的特权。当时北方国家借助殖民地不断掠夺南方国家的资源，致使世界上很大一部分人口几乎陷于奴隶地位。

应对气候变化并不是进行一种倒退式的回归。如果说技术的进步实现了巨大的社会和经济收益，那么进步的实现是以日益增长、不堪重负的生态债务为代价的。2015年巴黎气候大会的主题，当然远不会止步于收集主要温室气体排放国的减排承诺。这场气候大会关乎我们每一个人，我们的生活和我们子孙的生活。我们面对的挑战简单明了：要么我们创造一种后碳时代的经济模式和生活方式，要么我们生活在一个受混乱气候威胁的地球上。

一场时间旅行

　　在分析了围绕气候问题所展开的经济、能源、地缘政治的重大挑战之后，我们想要用一场时间旅行来为本书作结。若干前瞻性的工作已经开展，使得我们可以想象在后碳时代的生活。在法国，气候专家皮埃尔·哈达内（Pierre Hadanne）和法国环境与能源管理署（Ademe）在关于能源转型的全国辩论中，列举了城市、乡村及城市边缘的16个家庭的例子。如果法国真的走上了转型之路，并且到2050年二氧化碳排放量将减少80%，那么，2050年，我们的生活会是什么样子呢？让我们节选几个生活片段来找到这个有趣游戏的答案吧。

　　迈克斯是带着两个孩子的离异父亲，生活在一个刚建成的生态小区里。他的住宅和城市供暖管网相连，由城市中的一个木材锅炉提供热能。迈克斯拥有一台智能恒温器,他在上面标示出自己希望的室内温度,甚至可以通过智能手机远程操作。这个数码设备的新颖之处在于能识别迈克斯的习惯。它在迈克斯平常醒来的时间启动房屋供暖,在室内没有人的时候转换为节能模式。

迈克斯是一家咨询公司的高级管理人员。他所使用的共同办公空间与城市的多模态车站仅两步之隔。从他住处通往公司的道路栽满树木,风景宜人。他在办公室的邻桌并不是为同一家公司工作,但是他们共用配备有视频会议室的场地,他们共用打印机、扫描仪和电话总机。他通常会按时到达办公地点,搭乘集体交通工具就行。多模态车站在同一个地方集合了不同的交通方式,包括传统自行车或者自助式的电力自行车、可供两轮车充电的停车位、自动共享汽车、拼车场地以及公共交通。

在家或是在办公室,迈克斯常常点外卖食物,这主要得益于附近一个街区餐馆共享的电子三轮车的送餐系统。这个系统能够变换菜单和饮食口味。在日常生活中,他优先考虑选用当地和当季的材料烹制的菜肴。然而,也有例外。他和孩子们设立了"异国星期二"活动:这天晚上,他们会尝试新的菜品或菜系,也会品尝未知的食物和食物搭配。结果并不总是尽如人意,也并不十分便宜,大多数的食材是进口的,然而偶尔爆发的大笑让人深信，这是值得的。

迈克尔和詹妮弗已经退休，他们住在布列塔尼农村的一个翻新的旧农场。他们的封闭式壁炉使他们可以享受烧木柴取暖的舒适。在大区政府的资助下，他们也给自己的房子装配了太阳能板。事实上，政府推行了区域能源自治政策，此后几乎所有的独立住宅都安装了太阳能板。

当迈克尔和詹妮弗不在家的时候，由太阳能板产生的电能在网络上被出售。他们手机上的一个应用软件可以直接跟踪产生的收益。他们翻新房屋的时候，安装了许多智能系统以避免可能出现的疏忽。空房间中亮着的灯、淋浴房滴着热水，所有这些只不过是曾经令人不愉快的回忆罢了，因为如今水调节器和感应探测器管理着一切，尤其是当外孙们在家的时候。他们没有签任何一份保险单的意愿，也不用检查每个小家伙刷牙后是否关上了水龙头。

每周一早上，迈克尔和詹妮弗会去一家汇集了整个地区的农产品的商店购买新鲜食品，然后根据喜好在网上选择由电力交通工具送货的其他产品。他们最近订购了一个由美国艺术家设计的台灯，为了避免支付在一周内收货的高额费用，他们选择了一个月内派送。今天的送货方式,不同于他们年轻时的认知,那时总是追求更快速,而不顾及产生的碳排放量。如今,等待是必要的妥协。

詹妮弗在网上跟踪台灯的物流路径,甚至可以在地图上实时定位装载着她的商品的货船。她发现那艘船甚至有一个用来节省燃料的空气喷射系统以及船帆。

蕾雅是一位单身母亲,在一所养老院工作。她生活在一个大城市的边缘,所住的街区是一个大规模城市改造方案的规划对象。现在,这个曾经被隔绝的街区通过新的轻轨、高水准服务的巴士以及自助汽车,与城市的其他部分相连。蕾雅于是选择不更换她的旧车,这辆车在她刚购买公寓时曾是不可或缺的。她的街区保留了密集的人口,使得周边的商业和服务业十分活跃。许多便利被提供给居民,以适应他们的不同作息习惯并满足他们的需求。例如,当蕾雅需要完成一项行政手续时,她只需要去她每天乘车的街区主要车站。那里设有一个早晨开始早、晚上结束晚的服务点,对于像她这样工作时间延迟的人来说非常方便。另外,她每周四晚上可以在那里取回产自大区农场的蔬菜水果篮子。

蕾雅所住的社会住宅是2020年即将改造的对象,现在它使用的正能源让能耗账单几乎减少到了零。这让人们在有限的预算内将购买力解放出来！因为街区里的众多居民都预算紧张，物物交换和旧物回收的地点也增多了。它们既减少了开支，也有利于人际交往。此外，也不再需要买洗衣机。楼里配备了洗衣房，从而能够减少个人投资。在公共大厅里，她还找到一个满足日常小维修的工具箱，以及有关于街区社会活动的所有信息，包括节日文化活动、她3岁女儿喜欢的野餐活动等。

6

附录

促成巴黎气候大会成功的 12 项建议

评估巴黎气候大会是否成功,应当以其能否让我们将全球气温上升水平控制在科学家设定的红色警戒线以内,即能否回到全球平均气温上升 2℃的路线图为准。增长 2℃的效果可与人体温度进行对照。在 37℃,我们的身体感觉舒服;到 39℃,我们感觉疲劳乏力;到 40℃,我们不得不去医院;一旦到了 41℃,我们将濒临死亡。

要回到符合气候目标的路线图,需通过执行有待协商的气候协议中的承诺,也需通过执行那些不能直接纳入协议但提升雄心壮志的其他承诺。总之,这些努力将能让我们在巴黎订立一个《2℃公约》,以避免踏上科学家所称的"不归路"。以下是一些可能在这一公约中达成的内容,不能全都一一枚举。

1. 到 21 世纪末通过实现二氧化碳"净零排放"的目标

巴黎应当向经济界发出清晰的信号,为其指明发展方向。

如今，在能源行业，许多企业仍继续投资石化燃料，尽管人人都知道这些投资有悖于实现2℃气候目标。

为了明确2℃气候目标并将此目标具体化，国际社会可依照联合国政府间气候变化专门委员会的科学家们为实现这一目标所构建的方案，在巴黎通过一项写明"到21世纪末实现净零排放"目标，并指出要达成目标该采取哪些行动的文本。发达国家应率先在2060年左右实现这一目标。

该目标将激励每个国家准备一个走向碳中和[1]的战略，并明确提出能源组合、城市规划政策、交通等方面的务实减排举措。正如可持续发展解决方案网络与碳排放大国研究实验室出具的报告[2]所显示的，这些方案是切实可行的。2015年9月，《中美联合声明》中首次提到减排计划的长期战略，之后又被40个国家的元首和政府首脑代表团在联合国大会之余重新提及。

尽管这些目标并不具有约束力，但它们的存在能让所有国家制定一个可靠的行动方向，并改变公共或私人决策者们

---

[1] 一些国家提出"气候中性"（neutralité climatique）这个几乎包罗万象的概念，因为它未指明从具体什么水平起碳排放会对气候构成真正的危险。这是一个与"碳中和"（neutralité carbone）全然不同的概念，碳中和是指温室气体的净零排放。

[2] 《深度去碳化路径》（Pathways to Deep Decarbonization），法国可持续发展与国际关系研究院（IDDRI），2014年。

的认识。企业往往并非没有一点恶意地抨击政治领导人,指责他们未能明确制定要遵循的目标。而设立碳中和的目标,并明确规定了未来几十年投资需要遵循的规则,正是对这种期待的回应。

2. 建立每五年上调一次气候承诺的盘点机制

要达成一项国际协定是如此之难,以至于如果每隔五六年就更改一次可能会产生适得其反的效果!因此,《巴黎协定》应当是一项长期可持续性的协议,无须将其内容固定在2015年的现实世界。这就是为何它应当具备灵活性,并且规定了国家自主贡献的自动周期,要求每个国家定期提交符合达成2℃气候目标的新减排承诺。

气候谈判看起来能够就五年周期达成协议。等到五年到期时,各国需要公布未来十年的减排承诺。这些承诺应将科学家们的最新报告、技术进步及各国的行动能力考虑在内。世界资源研究所在国际联盟的框架下制定了一个诠释了这些要求的协定草案。[①]

3. 设立一个"国际气候审计法庭"

《巴黎协定》应有效地引导所有国家持久地减少碳排放量。

---

① 参见 www.wri.org/our-work/project/act-2015。

为此，它应该在《京都议定书》失败的地方取得成功，即建立一个承诺后续跟踪和承诺核查的机制。但可惜的是，设立一个具有处罚权的国际法庭似乎在政治上不可行，至少目前看来是如此。

因此，需要找到一个可靠的替代方案，能真正地施压并积极激励各国兑现承诺。设立的承诺核查机制可以类似于审计法庭，能按国家或行业定期发布各种报告，强调哪些运行正常，哪些是无法运作的。这些报告可以充当国家、政策或民间团体采取不同行动的支持材料。

如果一个国家不履行其所承诺的义务，"国际气候审计法庭"将会发布一份包含各种建议的报告，支持民间团体倡导的行动、国内政治对立派甚至其他国家，以最终决定剥夺该国在国际合作中的某些利益。这些报告也可以用于出台商业处罚措施，如提高某些高碳排产品的关税。无论在气候还是财税政策方面，确保透明度是履行承诺迈出的第一大步。也正是因为这个，打造透明度引起了如此多的问题！

4. 设立金融交易税以支持应对气候变化

如果北方国家没有令人信服地展示出如何到2020年兑现2009年在哥本哈根承诺的1000亿美元气候基金，他们将无法与南方国家达成一致。为此，法国应调动额外的公共经费。在预算收缩的背景下，设立金融交易税（TTF）将能解决平衡问题，其中很大一部分交易税收入将投入到气候事业。

金融交易税的概念最初源自反全球化运动，后被欧盟重新提出。欧盟于 2011 年 9 月提议开征金融交易税，预计每年能筹集 350 亿欧元的税款。自 2012 年以来，原则上同意设立金融交易税的 11 个成员国一直在力求找到该税的应用模式，但是由于银行要求调低税基的游说效应，他们始终未能达成一致。自 2014 年末以来，奥地利负责提出一个将在 2017 年实施的金融交易税议案。为了让法国（及其他愿意实施的国家）能凭借金融交易税增强对其财政承诺的信心，有必要在巴黎气候大会之前达成一项政治协议。

5. 推行绿色技术研究与部署计划

如果今天所有人都能拥有能源、住所及交通领域的最清洁的技术，我们将非常接近达成 2℃ 的气候目标。迅速革新与传播技术能帮助我们达成碳中和目标，这将成为我们践行巴黎承诺的核心能力。

主要工业化国家围绕国际热核聚变实验堆（Iter）计划组建了核能工业联盟，或在航空航天领域组建空客，将诸多资源共同分享，以提供给市场那些需要大量研发投入的高性能产品。我们需要发展这些联盟以服务于应对气候变化的事业，同时结合我们对走向碳中和之路必经的那些领域的研发努力，如电力储备能实现 100% 地来自可再生能源或者生产零排放车辆，以便摆脱石油已占据近乎垄断地位的状况，并且让不需要石油变成现实。

如此大规模的努力，让我们想起美国总统肯尼迪的登月计划。1961年，肯尼迪宣布我们会在十年之内登上月球行走，他深知当时能完成这一任务所需要的技术尚未全部到位，但他也明白登月计划带来的活力和政治意愿能加快研发努力。他下的赌注最后成功了。如果也有一个同样大胆的愿望出自碳排国家一致认可的几大目标，那么，《巴黎协定》就可以在加快走向无碳世界的转变过程中起到关键作用。

但是，要在包括新兴国家和发展中国家在内的地方大规模地部署这些技术，相关的技术成本必须降下来。现有的机制可以让那些想从创新技术中获得合法收益的人和那些想要低价使用技术并将其推广到有技术需求但又负担不起的地区的人共同分享新技术带来的好处。面对艾滋病，国际社会找到了迅速将治疗方法推广到最贫穷地区的办法，并没有坐等市场运作规律让价格降下来。对于气候问题，我们也需如法炮制。关于药品达成的妥协方案可以充当某些技术推广的范例，它一方面为研发实验室保护具有清偿力的市场，另一方面允许生产和推广非专利药到贫穷国家市场。

6. 设置碳交易价格的最高限价和最低限价

令人遗憾的是，巴黎气候大会不太可能就碳交易的国际价格达成一致。但是，如今已经有足够多的国家具备给碳交易定价的资源，可以想象，要是这些国家自愿结成联盟，将实现一大进步。中国、欧洲、包括加州（全球第12大经济体）在内的许多美国联邦州以及越来越多的拉美国家，或者拥有碳交易税，或者拥有碳交易市场。这些国家及其他国家可能会在巴黎宣布共同承诺支持打造"碳走廊"，即设定每吨碳价在10美元左右的最低限价——低于10美元的碳价几乎对决策没有任何影响，以及每吨50~60美元的最高限价，以求不会吓坏那些较为保守的国家。

这样的倡议无疑不会让195个国家全都接受。但是，《巴黎协定》可能提供了让那些准备走得更远从而使195个国家达成一致的"国家俱乐部"获得认可的机会。这将是联合国管治中的重大进步，让我们有更远大的雄心和灵活性向前迈进，就像我们几十年来在欧盟所做的一样。

设置碳走廊的上下限可以"求同存异"，既确定共同的目标，也同时在必要时保留各国行动路线图的差异性。此外，这个国家联盟的成员国可保证以协商一致的方式定期重审碳价格，以便根据应对气候变化的目标作出相应调整。这对所有的经济决策者而言是一个强有力的信号。而2016年中国主办的G20峰会可以充当国家联盟讨论这些问题的平台。

7. 为航空行业设立保护热带森林的碳税

如今，没有人会出于经济利益去保护大片热带森林。砍伐树木换取经济价值、将森林变成农田，都比保护全球最大储碳库之一的森林更有利可图。因此，必须找到办法促使森林的所有者——主要是国家、团体、发展中国家的经济参与者——去保护森林，并推行有效政策反对砍伐森林。这就需要给他们提供足够的收入，既能说服他们不要伐林，同时又能为森林保护政策提供资金支持。

这个解决方案就是征收航空运输的碳税，为保护热带森林提供资金支持。当前，航空交通实际上不仅被免除所有缓解气候变化的努力——没人知道国际航班的碳排放应该归咎于哪个国家——而且被免除所有团结互助的努力。这可能是航空公司从2020年起开始执行稳定碳排量目标的最简单且可能代价最小的办法。

8. 对修复退化土地进行投资

应对气候变化代价最小且最快的方法，是利用大自然提供给我们的碳汇。当然，森林就是这方面的范例，而对退化土地重新实现耕种也是如此。退化的耕地储备估计有5亿公顷，逐年还会递增1200万公顷左右。2015年9月，在重审可持续发展目标的框架下，国际社会可能会订立到2020年实现土地退化零增长的目标。为此，我们应当修复这些退化土地，使其重新实现耕种或重新回归森林。修复退化土地的平均成本估计每公顷在 150 美元左右。不过，重新耕种会带来经济活动，而重归森林则能产生碳信用额。所有这些都能根据种植类型的不同相应地在一定期限内偿还最初的投资成本。

"土地退化零增长基金"(Fonds pour la neutralité de la dégradation des terres) 的概念是由联合国公约秘书处为防治荒漠化而发起的。它可能是为发展生物碳储备争取时间的一个重要因素，以便使我们的能源结构由可再生能源逐渐取代石化燃料。收复退化耕地也是确保到 2050 年人类有能力养活 90 亿人口的必要条件。

9. 将对石化燃料的补贴转向可再生能源

许多国家尽管发表了诸多关于气候的言论，但仍继续动用公共基金大规模地支持石化燃料的生产和消费。根据世界经合组织的统计，每年有近 1000 亿美元的补贴流向石化燃料的生产，以及至少 4000 亿美元流向消费。巨额预算致使各国政府承担越来越高的成本，因为许多国家仍在对石化燃料发放巨额补贴，这些补贴来自政府预算。此外，世界银行和国际货币基金组织几年前就开始敦促各国减少并调整对石化燃料的补贴。他们指出，这些补贴的用途往往令中上等阶层受益，而不是最贫困阶层。而中上等阶层正是能源的最大消费者。因此，我们完全有可能逐渐减少对石化燃料的补贴，同时通过设置安全网来保护最弱势的群体能真正享受到这些补贴。

我们有必要在巴黎启动一个庞大的补贴调整计划，将对石化燃料的补贴转向发展可再生能源和提高能源效能。因此，有理由收回大规模的公共资金，重新用于那些符合社会目标和环境目标的地方。

10. 将公共采购作为应对气候变化的关键工具

如果全球所有城市和地区都承诺从2025年起只购买"零排放"的公共汽车，那将通过把投资引向碳中和技术，对多个经济领域产生重大的溢出效应。在法国，地方政府约占到公共投资的70%。

没有理由不去利用这一途径为能源转型提供资金支持。这也是巴黎市市长清楚明白的事，她力图启动这类计划，使其推行的公共政策与应对气候变化的目标协调一致。这对交通、诸多经济领域都有裨益，因为地方政府在这些领域都有溢出效应，包括公共照明、"正能源"学校、学校食堂的饮食等。

11. 就哥本哈根承诺的1000亿美元基金达成一致

如何践行哥本哈根的承诺，即到2020年向南方国家提供1000亿美元帮助其应对气候变化带来的影响，并致力于走更少依赖石化燃料的发展道路？鉴于作出这一承诺时未就落实资金承诺的计算方式和时间表达成一致，自2010年以来人们掀起激烈的争论，想要明确"1000亿美元"究竟意味着什么。法国作为东道国清楚地意识到，就这一问题达成一致是巴黎大会成功的基础，否则如何在2020年之前的承诺仍未兑现的情况下进入2020年之后的时代呢？

要达成一致的政治均衡，可以在总体妥协的框架下承诺额外的公共资金支持，统计公共资金（如法国发展署提供的资金）引发的富国/穷国私人资金流，并针对有助于气候事业的公共发展援助（如投资能源、交通或城市）承诺增加对气候有"积极意义"的那部分注资——也就是说，不再给火电站提供资金支持，而是更多地投向可再生能源。

额外的公共资金支持可用于增加开发银行的资本，以便后者更多地资助气候计划，或通过绿色基金资助公共保障系统，以加快可再生能源的推广。这种"融资保险"可以通过较低的成本大力鼓励投资者转向发展中国家的可再生能源。

12. 帮助最贫穷国家适应环境，重新引导1万亿美元私人投资投向低碳经济

《巴黎协定》将包含一些提供资金支持的承诺，用以取代哥本哈根大会的承诺。无论是世界上的各个国家还是联合国，似乎已经达成一项共识，即不会承诺一个"神奇新数字"

而将两种不相干的东西加在一起（私人资金与公共资金支持等）。但是，不难想象谈判会落到2020年后的具体融资需求上来。

这场辩论将围绕着两类承诺展开。第一类是关于对最贫穷和最脆弱国家适应气候变化的影响提供公共资金支持。实际上，这类情况不可能有私人资金支持，因为没人知道挪动一条经常被涨潮淹没的沿海道路，或是建一道保护城市免受汹涌海浪侵袭的堤坝应该采取何种经济模式。这就是对气候变化最负有责任的国家与首批气候变化受害国之间团结互助的核心所在。

应对气候变化融资挑战的另一面，就是需要重新配置投资资金，停止对石化燃料、非隔热建筑等的大规模投资，而集中投资那些对地球环境有利的领域，如公共交通、可再生能源等。根据纽约研究中心的观点，关键是要引导在2050年之前平均每年有1万亿美元的私人投资流向能源行业。为此，动用额外的公共资金不如改变金融规则，如对绿色经济发放贷款，可降低对银行的资本金要求；而对石化燃料发放贷款，成本将会增加。为达成此目标，联合国环境规划署（Pnue）发布了一份将要采取哪些措施的详细路线图[1]。

---

[1] 参见 www.unep.org/inquiry。

这个能从两个方面追溯的承诺——公共资金支持最贫穷国家适应气候变化，以及重新配置每年1万亿美元的私人资金——可以构成巴黎气候大会的一项均衡性融资战略。

10 个信号表明转变正在进行中

为了理解未来，有时需要重新回顾过去。现在，让我们回到 1890 年。那一年，纽约股票市场的第一大指数——著名的道琼斯指数诞生了，它当时的构成如下：

1. 中央太平洋铁路公司（Central Pacific Railroad）
2. 特拉华—西部铁路公司（Delaware & Western Railroad）
3. 北太平洋铁路公司（Northern Pacific Railway）
4. 新泽西中央铁路公司（Central Railroad of New Jersey）
5. 湖岸铁路公司（Lake Shore Railway）
6. 太平洋邮船公司（Pacific Mail Steamship）
7. 芝加哥—圣保罗铁路公司（Chicago & St. Paul Railroad）
8. 路易斯维尔—纳什维尔铁路公司（Louisville &

Nashville Railroad）

9. 联合太平洋铁路公司（Union Pacific Railroad）

10. 芝加哥—西北铁路公司（Chicago & North Western Railway）

11. 密苏里太平洋铁路公司（Missouri Pacific Railroad）

12. 西部联盟（Western Union）

13. 特拉华—哈德逊运河（Delaware & Hudson Canal）

14. 纽约中央铁路公司（New York Central Railroad）

这些企业有一个共同点：它们都是铁路公司。经过25年后，它们又如何了呢？让我们直接看看已经是一个世纪前的1914年的道琼斯指数，没有一个铁路公司出现在指数构成之列。

1. 美国车辆铸造公司（American Car and Foundry）

2. 联合铜业公司（Amalgamated Copper）

3. 中央皮革公司（Central Leather）

4. 人民燃气公司（Peoples Gas）

5. 通用电气公司（General Electric Company）

6. 美国橡胶公司（U. S. Rubber）

7. 美国冶炼公司（American Smelting & Refining）

8. 美国通用汽车公司（General Motors Corporation）

9. 美国钢铁公司（U. S. Steel）

10. 美国制糖公司（American Sugar）

11. 国民铅制品公司（National Lead）

12. 美国钢铁公司（U. S. Steel）

在1890年，没有人能想到几年后私人汽车、石油开采会给我们的出行带来一场革命，更不用说铁路公司的股票价值一落千丈，以至于从股指中彻底消失了。

下面，我们挑选了10个信号，以表明"后碳经济时代"已经开始初露端倪。

1. 德国

德国能源巨头意昂集团（E. ON）在2014年宣布将自身业务一分为二：一边是核能和煤炭，另一边是可再生能源、电网及配电系统。该集团总裁泰森（Johannes Teyssen）解释到，从今往后，能源行业将有两个世界：石化能源的旧世界和可再生能源的未来新世界。他还宣称："我们深信能源企业应当集中精力发展其中一个世界才能取得成功。"当然，他认为，意昂集团应当转向第二个新世界！

2. 澳大利亚

近两年，澳大利亚煤炭企业的市值大幅下滑（见表1）。投资澳大利亚的煤炭业不再是一笔好生意！

表1 澳大利亚TOP10煤炭企业的市值变化（2012—2015）

序号	企业名称	市值（百万美元） 2012年初	市值（百万美元） 2015年10月	降幅
1	新希望公司（New Hope Corporation）	4591	1567	66%
2	白天堂煤炭公司（Whitehaven Coal）	5360	1031	81%
3	阿奎拉资源公司（Aquila Resources）	2409	32	99%
4	兖煤公司（Yancoal）	1332	104	92%
5	考克图煤炭公司（Cockatoo Coal）	337	67	80%
6	班丹纳公司（Bandanna）	328	44	86%

续表

序号	企业名称	市值（百万美元）		
		2012年初	2015年10月	降幅
7	卡拉贝拉公司（Crabella）	136	0	100%
8	新煤炭公司（Nucoal）	208	2	99%
9	都市煤炭公司（MetroCoal）	155	22	86%
10	斯坦摩尔公司（Stanmore）	154	26	83%

来源：《难以置信的萎缩煤炭业》，2012年市场力量和2015年路透金融

3. 中国

2014年，中国的煤炭消费首次出现下降。由于中国有意改善城市的空气质量，并降低重工业对拉动经济增长的占比，预计煤炭消费量将在2015年进一步下降。看起来，煤炭消费峰值将提前到来，而此前政府预计会在2020年达到峰值。由于中国占全球煤炭消费的近50%[1]，对二氧化碳排放量的影响自然重大。根据伦敦政治经济学院尼古拉斯·斯特恩（Nicholas Stern）和弗格斯·格林（Fergus Green）2015年的研究表明，中国碳排量峰值可能会在2025年到来。

---

[1] 来源：国际能源署（IEA），2014年。

4. 印度

印度总理纳伦德拉·莫迪在 2014 年启动了太阳能开发计划，旨在到 2022 年太阳能总量能够倍增至 100 吉瓦[①]，这相当于中国预计到 2020 年达到的太阳能目标总量。该计划的部分资金将来源于对石化燃料提高征税所得的收入。此外，印度还致力于将可再生能源占发电总量的占比增加四倍，即从 2015 年 3 月的 35 吉瓦提升至 2022 年的 175 吉瓦。

5. 挪威

挪威主权基金（GPFG）是全球最大的机构投资者，2014 年已达到 8900 亿美元的资金规模，大约相当于全球股市总值的 1%。该基金宣布将从 100 家具有风险的企业抽回投资资金，因为他们开展的业务及经营模式不是可持续发展的。此外，该基金将在各个领域把气候风险作为其投资组合的重要考量因素。

6. 巴西

近五年来，巴西的森林砍伐率出现显著下降。2005 年至 2012 年期间减少了 70%，即 2012 年森林砍伐减少了 5000 平

---

① 吉瓦是功率单位，1 吉瓦（GW）等于 1000 兆瓦（MW）。——译者注

方公里。尽管在 2013 年出现过轻微反弹，但森林砍伐率的持续下滑对气候而言是个好消息。它展示出巴西为此所推行的卫星监控等重要政策以及加强立法都卓有成效。

7. 可再生能源的迅猛发展

根据德意志银行的数据，如今太阳能与可再生能源的成本持平，全球有近一半市场利用可再生能源进行发电，到 2017 年这一比例将达到近 80%。例如，在南非，风能的发电成本比新的燃煤发电厂低 30%，这主要应该归功于太阳能发电成本的迅速下降。

自 2013 年以来，超过 56% 的新增发电来自可再生能源。在欧洲，该数据甚至高达 72%。十年前，这个比例正好相反，那时 80% 的新增发电来自石化燃料！因此，我们已经进入了一个由可再生能源主导新投资的世界。但是，由于可再生能源产业的起点较低，现在的关键在于要进一步加快这一转型进程，以便争分夺秒地赢得胜利。

8. 多国推出碳交易或开征碳税

目前，至少有 27 个国家都在采取措施削减对石化能源的补贴，甚至趁着石油价格下滑的契机停止给予补贴，其中包括墨西哥、德国、摩洛哥、印度尼西亚和马来西亚。另外，从未有过如此多的国家和地区被纳入碳交易体系。日本东京地区在 2013 年建立了一个碳排放交易市场,南非规划到 2016 年开征碳税,智利则在 2014 年就推出碳税政策。这些行动还远远不够,但是欧盟不再是唯一拥有碳交易机制、形成碳交易价的地区。

9. 全球碳排放增长停滞

根据国际能源署的数据显示,尽管 2014 年全球经济增长了 3%,当年能源行业的二氧化碳排放量仍保持着稳定的水平。这是四十年来首次出现与经济衰退无关的碳排量停滞。20 世纪 80 年代初期和 2008 年金融危机时曾出现过类似的停滞。这是可再生资源崛起,同时中国碳消费接近峰值的结果。

10. 可再生能源的投资收益更优

根据欧洲金融咨询公司凯尔佩·谢弗勒(Kepler Chevreux)的金融分析,在可再生能源领域同样投资 100 美元能创造出比投资石油更多的最终能源。由于可再生能源的生产成本不断下降,而新油田的开采成本却不断增长,对可再生能源的投资资本的"净能量收益"变得高于石油。在他们看来,这个"先进指标"将对大规模投资的选择产生一定影响。①

---

① 《石油开采给石油巨头带来危险》(*Toil for Oil Spells Danger for Majors*),凯尔佩·谢弗勒(Kepler Chevreux),2014 年 9 月。

"2015年为气候作出行动承诺"实用指南

一、COP21是指什么？

关于缔约方大会（COP）

COP21，也称2015巴黎气候大会，是《联合国气候变化框架公约》（UNFCCC）第21届缔约方大会（COP），将于2015年11月30日至12月11日在巴黎北部布尔热（Bourget）举行。这一国际公约是在1992年里约地球峰会上通过的，其目标是设立一个必要的框架，防止发生由人类活动引起的任何危险的气候变化。公约围绕三大基本原则展开：预防原则、发展权原则以及不同发展水平国家"共同但有区别的责任"原则，这些原则对气候谈判起到决定性作用。气候国际公约在波恩（德国）常设秘书处，由来自波多黎各的克里斯蒂安娜·菲格雷斯（Christiana Figueres）执掌，主要负责组织缔约方大会，并帮助气候大会主办国筹备谈判会议。

缔约方大会由签署《联合国气候变化框架公约》（以下简

称《公约》）的196个国家组成，是《公约》的最高决策机构，每年举行一次大会，为达成《公约》承诺的应对气候变化目标作出决策。因此，它让缔约方国家就减少温室气体排放、发展中国家如何适应气候变化、气候融资、技术转让等基本问题展开讨论并达成一致意见。

自《京都议定书》生效以来，缔约方大会又通过把批准《京都议定书》的国家召集起来的缔约方会议（MOP）得到进一步完善。在巴黎，这将是《联合国气候变化框架公约》第21届缔约方大会暨《京都议定书》第11次缔约方会议。

有关气候谈判的其他平台

除此以外，还有其他多个政治论坛也是各国国家首脑与部长级别讨论气候问题的重要场合：

1. 非正式谈判会议。由《联合国气候变化框架公约》发起的非正式谈判会议将于2015年6月和10月在波恩举行。

2. MEF或主要经济体能源与气候论坛：由美国创建的这个主要经济体论坛将主要碳排国召集起来构成了类似的二十国气候集团（G20），同时将新兴国家和工业化国家聚集在一起。他们每年召开3次会议。

3. 彼得堡（Petersberg）气候对话：该论坛由德国总理默克尔主持，将40多个关心气候变化问题的国家的部长们聚集在一起共商大计。

4. 七国集团和二十国集团：它们每年让各国首脑以地缘

政治问题为中心开展对话。在哥本哈根大会之前，正是八国集团（G7+俄罗斯）首次通过了2℃的气候目标。至于二十国集团，G20峰会使得这些大国能就应对气候变化的融资问题开展讨论。而即将于2015年11月初在土耳其举行的G20峰会，刚好在巴黎气候大会召开的几周前。要了解全球主要经济大国是否会对巴黎协定的融资问题作出决策，此次峰会将起到决定性作用。

缔约方大会的参与者

第21届巴黎气候大会是国际气候公约谈判进程中至关重要的一步。此次大会还获得政府机构、民间团体及私营部门的大力动员支持。通常的国际气候大会能吸引1万至2万人，但我们能期待有4万人齐聚在12月的巴黎。其中有经注册认可的人员（收到国际气候公约秘书处的胸卡，如谈判专家），也有参加非政府组织活动的一些公民，他们可以进入向民间团体开放的场所，但不能进入谈判会场。

对每个国家而言，参与气候谈判的有三类人：

1. 谈判专家，通常是在2015年全年筹备谈判的高级官员。他们关注技术问题，但很多时候并没有作出政治决策的操作空间。

2. 环境部部长和外交部部长将参加第二周谈判以及参与整个一年中进行的多种活动，如主要经济体能源与气候论坛或彼得堡对话。

3. 各国首脑传统上并不参与谈判，但他们负责在七国集团、二十国集团峰会或联合国大会上提供政治动力。哥本哈根大会则是一个例外，因为各国首脑也参与了谈判。不过在巴黎，他们可以根据有待确定的方式参与到辩论中去，每个人都希望不要再重蹈哥本哈根大会的覆辙。

法国作为东道主的职责

第 21 届国际气候大会在法国举行，那是源于法国总统于 2012 年 9 月在环境大会上作出的提议。由于法国是唯一的候选主办国——也印证了迎接这一挑战的难度很大，法国很容易地被核准了申请。这是法国史上举办的最大一次外交盛会。作为第 21 届国际气候大会的东道主，法国将需要发挥至关重要的作用：她不仅要负责气候大会的接待工作，还要为谈判提供助力。

筹备国际气候大会对于主办国而言是一项长期性工作。鉴于此次大会的巨大挑战和 2015 年外交活动增多，法国作为主办国创建了一支专门服务于巴黎气候大会的政府间团队。这样前所未有的做法，凸显出此次聚会在法国外交议事日程中的重要性。这支部际团队的主要成员有：

洛朗·法比尤斯（Laurent Fabius），法国外交与国际发展部长、巴黎气候大会主席，担当外交官角色；

塞格琳·罗雅尔（Ségolène Royal），法国生态、可持续发展及能源部长，担当法国在欧盟的代表，负责处理与民间团体的关系以及解决方案的议事日程；

米歇尔·萨潘（Michel Sapin），法国财政与公共账目部长；

阿尼克·吉拉尔丹（Annick Girardin），法国发展与法语国家事务国务秘书；

尼古拉·于洛（Nicolas Hulot），法国总统保护地球特使；

劳伦斯·图比亚娜（Laurence Tubiana），法国气候变化谈判大使。

缔约方大会的主要流程

缔约方大会将召开三周，包括一周筹备会议和两周正式谈判。

在预备讨论周，谈判小组将简单介绍代表团成员，完善自身的谈判战略和纲要。

缔约方大会的正式第一周被认为是技术谈判阶段。在此期间，谈判专家们试图尽可能向前推进讨论，以便腾出足够的时间给部长们讨论更为棘手的政治问题。谈判的要点如果陷入僵局就会提交给部长们，他们获得各自国家的政治授权，足以在这些问题上为自己的国家作出承诺决定。但是这种分开讨论很大程度上是假定的，因为很多技术问题掩盖了存在的政治利害关系。比如，在数据透明度机制的背后，存在着一个国家对国际组织应承担的责任，因此也涉及主权问题。但是值得注意的是：这种通常的组织形式可能会被法国的新做法所颠覆，法国选择邀请各国政府和首脑在气候大会伊始前来而不是在尾声阶段。11月29日至30日周末举办的气候大会开幕活动，将比前几届大会更有决定性意义，因为如果各国首脑没有取得任何进展就离开巴黎，可就为时已晚，错失机会了。

第二周谈判通常标志着政治谈判的开端，称之为"高层环节"。这将是大使与政治代表进入谈判的关键时刻，但各国政府与首脑出席第一个周末的开幕活动可能会改变这种组织模式，并加速政治谈判的进程。

这一环节由全体会议为开端，由领导人发表官方致辞，他们提出自己的愿景、优先级目标、承诺交易以及对本国重要的其他话题。接着，部长们取回未能达成一致的谈判文本，以提交给更高政治领导人进行商议，并提议解决方案。而部长们自身也应该具备真正的决策空间。不过，在代表团中占绝大多数的环境部部长们并不适合谈判融资问题或技术合作问题，前者属于财政部部长的职责范畴，后者则属于工业部部长的管辖范畴。此外，许多部长远程关注着这些棘手的问题，因此，他们只是重复那些本国谈判专家的立场……而谈判专家却使谈判陷入僵局。

最后，当谈判超过规定时间时，一部分部长就已经在前一天晚上最后阶段开始时离开了会场。谈判专家们重新展开讨论但却没有足够的授权来达成妥协。在这样的背景下，谈判最终只达成了最小的共同目标，这并不令人奇怪。因此，需要各国政府与首脑在巴黎气候大会的第一个周末就致力于突破界限，推动谈判前进。

二、通向COP21的马拉松式谈判

1. 里约热内卢（1992年）

1992年里约（巴西）地球峰会上，国际社会致力于应对气候问题，通过了旨在稳定大气中温室气体排放量的国际气候公约。该公约使得气候变化问题被纳入国际社会的议事日程。

2. 京都（1997年）

里约峰会提出的稳定温室气体浓度目标在1997年第3次缔约方大会上通过签署《京都议定书》得到落实。该议定书让所有的工业化国家对减排目标作出具有约束力的承诺：2008年-2012年期间（在1990年的基础上）减少5%。《京都议定书》在得到俄罗斯批准后直到2005年才正式生效。该协定的签署国的温室气体排放量占到全球总量的55%。

3. 哥本哈根（2009年）

自2005年以来，有关制定新的长期承诺的工作持续开展，以便接棒《京都议定书》。2009 年在哥本哈根（丹麦），各国被认为会达成 2012 年后的全新气候协议，但缔约方大会却以失败告终，令人铭刻于心，并引起"对哥本哈根大会的沮丧"情绪。由此，在直到 2014 年 9 月的接下来五年间，没有举行一个关于气候的政府首脑级别会议。

4. 坎昆（2010 年）

继哥本哈根的伤痛之后，2010 年第 16 届缔约方大会重新启动了气候谈判的进程。得益于墨西哥作为东道国的积极推动，坎昆承担了所有未能在哥本哈根作出的重要决定。各国正式一致同意有必要将全球气温平均升高幅度控制在 2℃以内。他们还创建了绿色气候基金。其他问题也取得一定进展，如减少发展中国家因砍伐森林和森林退化造成的碳排放（REDD+）。

5. 德班（2011 年）

德班气候大会是气候谈判进程中的转折点。正是在德班（南非），各国同意在 2015 年达成一份具有法律约束力的新协定，并计划在 2020 年使其生效。这项任务交付给德班大会的专门平台：德班增强行动平台特设工作组（ADP）。各国政府，尤其是 38 个工业化国家，一致同意将《京都议定书》从 2013 年延长到 2020 年。然而，日本、加拿大等几个国家退出了，大大削弱了《京都议定书》的影响力，该协定如今只涵盖了不到 15% 的全球排放。

6. 利马（2014 年）

在利马（秘鲁）举行的气候谈判主要集中讨论未来的巴黎协定。2013 年在华沙，各国一致同意应提前在巴黎气候大会前制定有关减排目标的国家自主贡献方案。但需要决定国家自主贡献具体有哪些内容，至少可以为富裕国家确认一个统一框架，规定融资问题要谈到何种程度。这是利马大会紧张气氛的核心所在。

结果却是每个国家做自己想做的事，因为根本没有就共同的框架达成一致！不过，利马气候大会因一个好消息而备受关注，即绿色气候基金的首批注资规模将达到 100 亿美元。

7. 全球（2015 年）

进入 2015 年，国际社会的日程被气候与发展领域的许多活动所占据。7 月，各国在埃塞俄比亚的亚的斯亚贝巴市（Addis-Abeda）一致同意重申对发展中国家所作的资金支持承诺：国内生产总值的 0.7%，这一目标在 1970 年联合国大会通过并在 2002 年蒙特雷市（Monterrey）再次被确认。到目前为止，只有 23 个国家中的 5 个国家兑现了这一承诺：挪威、瑞典、卢森堡、丹麦及最近的英国。9 月，各国在纽约就新的可持续发展目标（ODD）达成一致，将发展目标与应对气候变化问题统一起来。最后在 12 月的巴黎，他们达成首个关于气候变化的全球性协定。

三、读懂气候大会的谈判行话

1. 适应气候变化（Adaptation au changement climatique）：为减少对旱灾、洪灾等气候变化影响的脆弱性而开展的行动。

2. 德班增强行动平台特设工作组（ADP，Group de travail spécial de la Plateforme de Durban pour une action renforcée）：2011年在德班气候大会上成立的工作组，负责起草对减少温室气体排放具有约束力的全新法律协定。该工作组的工作任务将在2015年巴黎协定签署后结束。巴黎协定计划在2020年生效。ADP的工作任务还包括谈判专家称之为的"第二个工作流"，即在2020年之前提高减排雄心。

3. 公共发展援助（APD，Aide publique au développement）：2001年发达国家在蒙特雷市（Monterrey）承诺将提供占其国内生产总值的0.7%帮助发展中国家抗击贫困，发展医疗、教育等基础服务，并资助基础设施建设（如能源、城市）。这些转移的资金由经合组织进行统计，构成了公共发展援助。

4. 拉美与加勒比海国家独立联盟（Ailac, Alliance indépendante des pays d'Amérique latine et des Caraïbes）：这个相对进取的联盟成立于2012年，由哥伦比亚、秘鲁、哥斯达黎加、智利、巴拿马及危地马拉组成。该联盟致力于在减少碳排放问题上超越传统的南北分歧。她通过依靠各成员国的气候政策，行动上支持具有约束力的减排承诺。

5. 美洲玻利瓦尔联盟（Alba, Alliance bolivarienne pour les Amériques）：这个由拉美国家组建的联盟汇集了古巴、厄瓜多尔、玻利维亚、委内瑞拉以及加勒比海的几个小岛。该联盟捍卫应对气候变化的反全球化观点。这些国家反对碳交易市场，呼吁将保护地球母亲（"Pachamama"）纳入气候谈判的原则中去。

6. 附件1/非附件1（Annexe 1/non-annexe 1）：国际气候公约包含几个附件，其中一个将全球一分为二：工业化国家和14个经济转型国家（俄罗斯、东欧），他们应落实最有雄心的行动，并可以作出具有法律约束力的减少温室气体承诺，其他发展中国家只有自愿作出的承诺，很多时候只是受到工业化国家的援助。巴黎气候大会的一大挑战是逐渐扩大对整体经济作出承诺的国家数量，以更好反映如今工业化国家不再是主要碳排国家的世界现实。

7. 小岛屿国家联盟（Aosis, Alliance des petits États insulaires）：该联盟由44个极易受气候变化影响的岛屿组成。该联盟汇集了太平洋上的小岛屿，各成员国发展不均衡，其中一些属于最不发达国家，也有充满活力的经济体，如新加坡。该组织是减排雄心的引领者，倡导将全球气温升高的幅度控制在1.5℃以内：呼吁所有主要碳排国作出具有法律约束力的承诺，并经常作为欧盟的战略合作伙伴出现。

8. 减缓（Atténuation）：采取减少碳排放与温室气体浓度

的行动。例如，将石化能源替换成可再生能源或植树储存生物碳。

9. 基础四国（Basic-Brésil, Afrique du Sud, Inde et Chine）：主要新兴国家构成的联盟（巴西、南非、印度及中国）。该组织在哥本哈根气候大会期间极有影响力，但是如今内部意见不一，主要是因为南非极为进取，而巴西在卢拉总统的领导下不那么进取。

10. 共同但有区别的责任（CBDR-RC, Responsabilités communes mais différenciées et capacités respectives）：这是《联合国气候变化框架公约》（见下文）的基本原则之一，也诠释了遵守公平原则，区别对待各国的责任及义务。这是气候谈判最终能达成巴黎协定的关键之处。巴黎协定应当在普遍推行应对气候变化的承诺和根据不同国家的历史责任和财政能力保留承诺的差异性之间找到一个新的平衡点。

11.《联合国气候变化框架公约》（CCNUCC, Convention-cadre des Nations unies sur les changements climatiques）：涉及气候问题的主要国际公约。1992年在里约地球峰会上通过，并由196个国家批准，其最终目标是将大气中温室气体的浓度稳定在防止气候系统受到任何危险干扰的水平。该公约的签署国将在2015年12月齐聚巴黎气候大会。

12. 碳捕获和封存（CCS, Capture et stockage du carbone）：将发电厂或高污染工业产生的温室气体捕获后，存放在地下，而不是释放到大气中。通过森林再造方式来实现碳捕获与封存是一种限制全球气候变暖的"自然"行为。

13. 二氧化碳（CO_2）：石化能源燃烧和森林砍伐释放的主要温室气体。

14. 缔约方大会（COP, Conférence des parties）：是指《联合国气候变化框架公约》的缔约方（联合国成员国）会议。自1992年来气候公约的签署国每年举行一次缔约方大会。2015年12月的巴黎气候大会将是第21届。

15. 差别化（Différenciation）：有区别原则要求每个国家根据自身责任与能力作出相应的努力，即与其发展"水平"相称，从而制定一份公平公正的协定。

16. 温室效应（Effet de serre）：大气中的某些气体吸收被地面反射的太阳辐射的自然过程。自工业革命以来，人类活动向大气释放大量的温室气体，尤其是二氧化碳、甲烷，大气的温室效应也随之增强。

17. 公平性（Équité）：能协调抗击贫困与保护地球关系的各种措施及原则。

18. 气候绿色基金（Fonds vert pour le climat）：2010年决定成立，其宗旨是为帮助发展中国家减少排放温室气体、适应气候变化的相关计划提供资金支持。2014年，该基金获得首批约100亿美元的资金用于支持2015年到2018年阶段。

19. G77+中国（G77 + China）：新兴国家与发展中国家

的主要联盟,他们都曾属于"冷战"时期的不结盟国家,现在该集团已发展到包括中国在内的 134 个成员国。由于各成员国的发展水平各异,该集团内部不均衡,尽管有时存在利益分歧,但是因将世界上大多数国家集结在一起而变得势力强大。

20. 温室气体(GES,Gaz à effet de serre):在谈判中,人们对人类活动引起的温室效应气体(主要是二氧化碳、甲烷、氧化亚氮及氟碳化合物)的统称。自 1870 年工业时代初期以来温室气体在大气中积聚,是气候变暖的主要原因。

21. 气候地球工程(Géoingénierie climatique):人类为操纵地球气候可能采取的一切行动,比如向大气投放喷雾剂,利用冷却作用来限制气温升高。这些技术大部分属于科幻范畴,它们对全球带来的影响尚未被研究过,也可能会被证明更具危害性。

22. 政府间气候变化专家委员会(Giec,Groupe d'experts intergouvernemental sur l'évolution du climat):1988 年由世界气象组织和联合国环境规划署创建,其宗旨是评估气候变化。为此,该委员会定期审查所有气候相关的科研报告,并大约每五年发布一次综合报告。由近 3000 位科学家与经济学家组成的专家委员会通过科学分析报告解释了国际气候变化框架公约的谈判进程。该组织在 2007 年曾荣获诺贝尔和平奖。

23. 伞形集团(Groupe parapluie/Groupe de l'ombrelle):

该组织主要由澳大利亚、加拿大、日本、新西兰、俄罗斯及美国构成，包含了全球最主要的温室气体排放国。但它对承诺具有约束力的减排目标持保留态度，因此大多数成员国退出或没有签署《京都议定书》的第二阶段承诺。以中国为主的发展中国家对减排目标的承诺可以说是这个整体上不太进取的集团里的一匹黑马。

24. 国家自主贡献方案（INDC, Contributions prévues déterminées au niveau national）：在2013年华沙气候大会应运而生，是指各国为应对气候变化提议的所有措施、政策及承诺。

25. 立场相近的发展中国家（LMDC, Like-Minded Developing Countries）：这个由发展中国家组成的集团占到全球人口的一半，包括中国、伊朗、马里、委内瑞拉或沙特阿拉伯。它主张捍卫保守派谈判的立场，主要指出发达国家应承担的责任，并保护石油生产国的利益。

26. 土地利用、土地利用变化及林业（LULUCF, Utilisation des terres et forêts, changement d'affectation des sols et forêts）：这个略显奇怪的外文缩写是指不同方式利用土地、改变土地用途及森林。有时又以Afolu（农业森林与土地利用）的缩写出现。统计该行业对气候的影响甚是复杂，因为它排放的温室气体可以是正面影响的也可以是负面影响的，比如，将森林变成农田会导致排放二氧化碳和甲烷，而重新植树造林能增加碳吸收能力，从而限制气候变暖。

27. 甲烷（Méthane）：是一种石化燃料天然气的主要成分。它可以通过使用天然气或通过有机物分解、反刍动物的消化代谢过程等自然方法释放到大气中。它在大气中的生存期（十年）小于二氧化碳（一百年），但它对气候变暖的影响比二氧化碳更强。它也是垃圾发酵产生的生物气的主要成分。

28. 测量、报告及验证机制（MRV，Mesure，Rapports et Vérification）：测量、报告及验证工具，能增强透明度、并建立国家承诺问责制。

29. 可持续发展目标（ODD，Objectifs de développement durable）：2015年另一大谈判议题，可持续发展目标是在2012年"里约+20"峰会上决定建立的，并在2015年9月通过，旨在推动所有国家设立抗击贫困和保护环境的目标。

30. 损失与损害（Pertes et dommages/Pertes et préjudices）：发展中国家因气候变化受到的，且不能通过减缓及适应变化的努力来避免的影响（主要是经济层面），比如旱灾或洪灾造成的破坏。在2013年华沙缔约方大会上，各国决定建立华沙损失损害国际机制，从而开始将这个极为敏感的问题纳入考虑，因为损失损害可能致使发展中国家付出非常昂贵的代价，而发展中国家在要求发达国家为此买单。

31. 最不发达国家（PMA，Pays les moins avancés）：50个全球最贫穷国家组成的集团，其中一半来自非洲。他们的主要诉求是关于对适应气候变化的影响和损失与损害机制提供资金支持。

32. 百万分比（PPM，Parties par millions）：衡量二氧化碳分子相对于其他分子在大气中的数量的计量单位。全球公认的安全标准是二氧化碳浓度不可超过350ppm，1990年前我们曾达到这一上限，但在2013年甚至超过了400ppm。

33. 《京都议定书》（Protocole de Kyoto）：旨在减少温室气体排放的具有法律约束力的国际公约。该公约签署于1997年，并由占全球温室气体排放55%的55个国家批准之后，于2005年正式生效，直到2020年结束，该协定如今只涵盖了不到15%的全球排放。

34. 碳汇（Puit de carbone）：天然或人工的碳储存库，能吸收大气中的二氧化碳，从而减少温室气体在大气中的浓度。天然的碳汇是海洋和森林。

35. 批准（Ratification）：国会或众议院对国家间谈判达成的协议给予正式许可。

36. 减少砍伐森林和森林退化造成的碳排放（REDD+，Réduction des émissions provenant de la déforestation et de la dégradation des forêts）：能促使减少砍伐森林和森林退化造成的温室气体的所有措施、倡议及计划。

绿色发展通识丛书·书目

GENERAL BOOKS OF GREEN DEVELOPMENT

01 巴黎气候大会 30 问
［法］帕斯卡尔·坎芬　彼得·史泰姆／著
王瑶琴／译

02 大规模适应
气候、资本与灾害
［法］罗曼·菲力／著
王茜／译

03 倒计时开始了吗
［法］阿尔贝·雅卡尔／著
田晶／译

04 古今气候启示录
［法］雷蒙德·沃森内／著
方友忠／译

05 国际气候谈判 20 年
［法］斯特凡·艾库特　艾米·达昂／著
何亚婧　盛霜／译

06 化石文明的黄昏
［法］热纳维埃芙·菲罗纳-克洛泽／著
叶蔚林／译

07 环境教育实用指南
［法］耶维·布鲁格诺／编
周晨欣／译

08 节制带来幸福
［法］皮埃尔·哈比／著
唐蜜／译

09 看不见的绿色革命

［法］弗洛朗·奥噶尼尔　多米尼克·鲁塞／著
黄黎娜／译

10 马赛的城市生态实践

［法］巴布蒂斯·拉纳斯佩兹／著
刘姮序／译

11 明天气候 15 问

［法］让-茹泽尔　奥利维尔·努瓦亚／著
沈玉龙／译

12 内分泌干扰素
看不见的生命威胁

［法］玛丽恩·约伯特　弗朗索瓦·维耶莱特／著
李圣云／译

13 能源大战

［法］让·玛丽·舍瓦利耶／著
杨挺／译

14 气候变化
我与女儿的对话

［法］让-马克·冉科维奇／著
郑园园／译

15 气候地图

［法］弗朗索瓦-马理·布雷翁　吉勒·吕诺／著
李锋／译

16 气候闹剧

［法］奥利维尔·波斯特尔-维纳／著
李冬冬／译

17 气候在变化，那么社会呢

［法］弗洛伦斯·鲁道夫／著
顾元芬／译

18 让沙漠溢出水的人

［法］阿兰·加歇／著
宋新宇／译

19 认识能源

［法］卡特琳娜·让戴尔　雷米·莫斯利／著
雷晨宇／译

20 认识水

［法］阿加特·厄曾　卡特琳娜·让戴尔　雷米·莫斯利／著
王思航　李锋／译

21 如果鲸鱼之歌成为绝唱

［法］让-皮埃尔·西尔维斯特／著
盛霜／译

22 如何解决能源过渡的金融难题

［法］阿兰·格兰德让　米黑耶·马提尼／著
叶蔚林／译

23 生物多样性的一次次危机
生物危机的五大历史历程

［法］帕特里克·德·维沃／著
吴博／译

24 实用生态学（第七版）

［法］弗朗索瓦·拉玛德／著
蔡婷玉／译

25 食物绝境

［法］尼古拉·于洛　法国生态监督委员会　卡丽娜·卢·马蒂尼翁／著
赵飒／译

26 食物主权与生态女性主义
范达娜·席娃访谈录

［法］李欧内·阿斯特鲁克／著
王存苗／译

27 世界能源地图

［法］伯特兰·巴雷　贝尔纳黛特·美莱娜-舒马克／著
李锋／译

28 世界有意义吗

［法］让-马利·贝尔特　皮埃尔·哈比／著
薛静密／译

29 世界在我们手中
各国可持续发展状况环球之旅

［法］马克·吉罗　西尔万·德拉韦尔涅／著
刘雯雯／译

30 泰坦尼克号症候群

［法］尼古拉·于洛／著
吴博／译

31   温室效应与气候变化

[法]斯凡特·阿伦乌尼斯 等／著
张铱／译

32   向人类讲解经济
    ——一只昆虫的视角

[法]艾曼纽·德拉诺瓦／著
王旻／译

33   应该害怕纳米吗

[法]弗朗斯琳娜·玛拉诺／著
吴博／译

34   永续经济
    走出新经济革命的迷失

[法]艾曼纽·德拉诺瓦／著
胡瑜／译

35   勇敢行动
    全球气候治理的行动方案

[法]尼古拉·于洛／著
田晶／译

36   与狼共栖
    人与动物的外交模式

[法]巴蒂斯特·莫里佐／著
赵冉／译

37   正视生态伦理
    改变我们现有的生活模式

[法]科琳娜·佩吕雄／著
刘卉／译

38   重返生态农业

[法]皮埃尔·哈比／著
忻应嗣／译

39   棕榈油的谎言与真相

[法]艾玛纽埃尔·格伦德曼／著
张黎／译

40   走出化石时代
    低碳变革就在眼前

[法]马克西姆·孔布／著
韩珠萍／译